Re-abrir o coração

Maria Duques

Re-abrir o coração

Tratamento espiritual para viciados

Editora Rosa dos Tempos

CIP-Brasil. Catalogação-na-fonte
Sindicato Nacional dos Editores de Livros, RJ.

Duques, Maria
D949r Re-abrir o coração: tratamento espiritual para viciados / Maria Duques. – Rio de Janeiro: Record: Rosa dos Tempos, 1998.

Inclui bibliografia

1. Vícios – Tratamentos alternativos. 2. Medicina alternativa. I. Título.

98-0766 CDD – 615.535
CDU – 615.85

EDITORA ROSA DOS TEMPOS
Um selo da
DISTRIBUIDORA RECORD DE SERVIÇOS DE IMPRENSA S.A.
Rua Argentina 171 – Rio de Janeiro, RJ – 20921-380 – Tel.: 585-2000

Impresso no Brasil

ISBN 85-01-05129-2

PEDIDOS PELO REEMBOLSO POSTAL
Caixa Postal 23.052
Rio de Janeiro, RJ – 20922-970

Este livro foi escrito para servir de guia no trabalho de expansão de consciência e cura usando processos holísticos, e não pretende, em hipótese alguma, substituir cuidados médicos ou psicoterapêuticos. A autora e a editora não podem ser responsabilizadas pela falta desses cuidados.

Este trabalho é dedicado

à memória de meus pais — Dora, minha mãe, que me abriu as janelas do mundo em todos os níveis, e Brígido, meu pai, que me ensinou como mantê-las abertas,

e

a meus filhos, Ana Magali, Mário Henrique e Maria Alice, que me deram a oportunidade de ser co-criadora com Deus.

Agradecimentos

Nesse momento Eu Sou em profunda gratidão:

a todos aqueles que, ao longo de meu caminho, contribuíram para minha cura;

a todos aqueles a quem, de uma ou outra forma, ajudei a curar e a todos a quem ainda ajudarei;

a todos aqueles que retomaram o trabalho do dr. Bach, ampliando o leque de essências florais à disposição da cura da humanidade.

E a Lélia Zanfrancheschi e a Maria Isabel Macedo, amigas queridas, pelo estímulo permanente a meu trabalho e pelos momentos em que se dispuseram a me escutar e a trocar idéias;

a Gilmar Chaves, poeta cearense, cujo apoio para que meus trabalhos se tornassem livros foi fundamental;

a Rose Muraro, Celso Cunha Jr. e toda a equipe que pôde tornar meu livro realidade;

a Iran e Eurídice, amigos queridos, cujo apoio a meu trabalho tem sido permanente;

a Carlos Alberto Lopes, amigo de tantos anos, que resolveu todas as "broncas" de meu computador, permitindo-me executar o trabalho;

a todos os meus Mestres — aqueles que, no plano físico ou metafísico, contribuíram para que eu adquirisse os conhecimentos que permitiram esse trabalho acontecer como Vida e se transformar em livro;

e a todos os meus alunos que ampliam e continuam o meu trabalho.

No momento em que esse livro vem à luz, vivo astrologicamente o momento do retorno de Quíron — o grande Mestre, o grande curador ferido — que rege todas as "artes de cura", hoje denominadas de "cura vibracional" ou "cura holística". Plutão — o planeta da transformação — faz conjunção ao Nodo Sul na casa IX — a das publicações — e oposição a Urano — o Mestre da Intuição. Plutão transita também, por conjunção, Mercúrio natal retrógrado em Sagitário. Urano faz oposição à conjunção natal Saturno-Plutão, em Leão, em minha Casa V.

Não tenho dúvidas, em meu coração, de que este livro é um de meus resgates. E com o coração Eu Sou abençoando a todos aqueles que o lerem, na esperança de plantar em seus corações as sementes de Amor & Luz para que elas se propaguem por todo o Universo.

Sumário

INTRODUÇÃO: As Hipóteses Básicas do Re-Abrir o Coração 15

Parte I — O RE-ABRIR O CORAÇÃO

- A PROPOSTA DO RE-ABRIR O CORAÇÃO — A RECONEXÃO COM O DIVINO COMO CHAVE PARA A CURA 21
- AS BASES DO RE-ABRIR O CORAÇÃO — A ENERGÉTICA SUTIL HUMANA 24
- AS FERRAMENTAS DE PODER DO RE-ABRIR O CORAÇÃO 37
- O CONCEITO DE VICIADO 54
- OS VÍCIOS NO CONTEXTO SOCIAL 56
- OS VÍCIOS NO CONTEXTO PSICOLÓGICO 59
- OS VÍCIOS NO CONTEXTO ESPIRITUAL 74
- OS VÁRIOS CAMINHOS E OS PRINCÍPIOS PARA A CURA ESPIRITUAL 80
- OS EFEITOS DAS SUBSTÂNCIAS VICIANTES NA ENERGÉTICA SUTIL 82
- CLASSIFICAÇÃO DAS SUBSTÂNCIAS VICIANTES 90
- ASPECTOS ESPECÍFICOS DAS SUBSTÂNCIAS VICIANTES 95
- A "CRISE" DE CURA 118
- O PROCESSO DE CURA 120

Parte II — USANDO A LUZ PARA CURAR O CORAÇÃO

- USANDO A LUZ 125

A VISUALIZAÇÃO 128

- ESTABELECENDO A PRÁTICA 129
- DESENVOLVENDO A CAPACIDADE DE VISUALIZAR 131
- USANDO A LUZ PARA TRABALHAR OS *CHAKRAS* 133
- LIMPANDO OS *CHAKRAS* COM A LUZ VIOLETA 135
- PREENCHENDO E ALIMENTANDO OS *CHAKRAS* COM A LUZ 138
- LIGANDO A ENERGIA DOS *CHAKRAS* 140
- TESTANDO OS *CHAKRAS* 143
- TRABALHANDO O *CHAKRA* CARDÍACO 145
- TRABALHANDO COM A LUZ QUANDO SE TEM DOR 147
- TRABALHANDO E LIBERANDO A DOR EMOCIONAL 149
- TRABALHANDO O PAI E/OU A MÃE INTERIOR COM A LUZ 153
- TRABALHANDO O PERDÃO 155
- USANDO A LUZ PARA LIMPAR O RESSENTIMENTO 158
- USANDO A LUZ PARA LIMPAR A RAIVA 160
- USANDO A LUZ PARA LIMPAR A RAIVA DE ALGO ESPECÍFICO 162
- USANDO A LUZ PARA LIMPAR AS TOXINAS DO CORPO 164
- TRABALHANDO COM A LUZ AO NÍVEL DA ALMA 166
- ABENÇOANDO O UNIVERSO 170
- TRABALHANDO E MEDITANDO COM CRISTAIS 172
- TRABALHANDO OS VÍCIOS 181
- TRABALHANDO A AURA 188

Parte III — ESSÊNCIAS FLORAIS E ELIXIRES DE CRISTAIS / GEMAS ESPECÍFICOS PARA A CURA DE VÍCIOS

- ADVERTÊNCIAS 195
- SECÇÃO I — DAS ESSÊNCIAS FLORAIS 197
- SECÇÃO II — ELIXIRES DE CRISTAIS E GEMAS 284

Leitura Recomendada *299*
Sobre a Autora *301*

Introdução: As Hipóteses Básicas do Re-Abrir o Coração

A hipótese básica deste trabalho é de que somos muito mais do que aquilo que conhecemos e que há algo muito maior do que aquilo usualmente chamado de "eu". Esse algo maior chamamos de ESPÍRITO.

Outra hipótese é de que há planos ou *estados de consciência* além daqueles a que estamos habituados quando estamos despertos. Em nossa cultura técnico-científica perdemos o conhecimento desses planos. Mas a memória racial se faz presente e, de alguma forma, "sabemos" que essas outras dimensões existem.

Pessoas viciadas estão freqüentemente ligadas às realidades desses outros planos e, enquanto muitos se viciam para inconscientemente atingi-los, outros abusam das substâncias viciantes para negar suas percepções desses planos.

Instalada a dependência, seja qual for a substância usada, tem-se um problema que atinge todos os planos do ser — o físico, o emocional, o mental e o espiritual.

Se alguém quer se livrar de um vício terá que contar com assistência médica para cuidar do físico, aconselhamento ou participação em grupos psicoterapêuticos para tratar a psique e instruções de como atuam as substâncias viciantes no plano mental. Essas são formas indispensáveis de cuidados, mas é necessário que se some a essas abordagens a dimensão espiritual e que se explorem as "ferramentas de poder" que ajudam a reparar os danos no campo sutil e a reprogramar a mente tanto no que diz respeito ao sistema de crenças quanto em relação aos hábitos.

Este é um trabalho com a *consciência* — ela pode ser treinada para curar o corpo, as emoções e a mente, trazendo um novo sentimento de unidade.

Somos parte de um Todo. Se me curo, curo o Todo.

Este trabalho é fruto de uma experiência que não foi deliberadamente buscada, mas que entendo, dentro de minha perspectiva do agora, como profundamente inserido naquilo que chamo de "meus compromissos cósmicos" ou meus propósitos encarnatórios. Ele simplesmente começou a acontecer a partir de minha própria experiência. Meditando consistentemente, trabalhando com as essências florais e os elixires de gema e cristais, parei de fumar. Sendo considerada a "fumante de todas as horas", o fato surpreendeu a todos. Também surpreendeu a mim, já que nunca tivera a intenção deliberada de parar de fumar. Isto aconteceu num momento em que minha vida pessoal e profissional estava tremendamente pressionante — e não voltei ao cigarro.

Nessa época eu trabalhava usando o Tarot e a Astrologia e a grande inquietação sobre que caminhos eu poderia oferecer àquelas pessoas que buscavam aconselhamento me levava a mergulhar fundo no estudo de Cristais e Florais. Meu pressuposto era de que não fazia sentido apontar dificuldades sem apontar caminhos de transformação e de cura. Fui testando o aprendizado e verificando sua validade. Quando parei de fumar, foram chegando a minha vida pessoas que queriam fazê-lo e não sabiam como. Fui ensinando "meu" caminho, e as pessoas foram tendo resultados. E foram chegando pessoas com dependências outras, além do cigarro. Para ter uma melhor compreensão passei a estudar as substâncias viciantes e seus efeitos na psique e na energética sutil.

Quando REIKI chegou a minha vida comecei a usá-lo e me surpreendi com a aceleração do processo de desintoxicação e de cura.

Precisei escrever sobre o trabalho que fazia e, então, ele ganhou um nome — RE-ABRIR O CORAÇÃO porque o coração é o *locus* do ESPÍRITO, o *locus* da cura e toda substância viciante termina por fechá-lo.

Como todo trabalho de cura, este é um *processo* e não uma "solução mágica". E, viciados ou não, é preciso RE-ABRIR O CORAÇÃO para se ter harmonia, saúde e equilíbrio.

PARTE I

O RE-ABRIR O CORAÇÃO

A PROPOSTA DO RE-ABRIR O CORAÇÃO — A RECONEXÃO COM O DIVINO COMO CHAVE PARA A CURA

Re-abrir o coração, restabelecer o contato com o propósito da vida, é a chave para a reconexão com aquela parte de nós que é viva, energética e criativa, com o que verdadeiramente somos — nosso *Self*, nosso Ser Real, nosso Eu Superior ou, ainda, nossa Criança Interior ou Criança Divina. Não importa que nome lhe seja dado. Essa é a parte de nós todos que é amorosa, espontânea, capaz de se aceitar e aos outros, capaz de aceitar os sentimentos — seus e de outros — sem medo ou julgamento, e de permitir que eles existam como um caminho para se viver e apreciar a vida. Esse ser real é inexpugnável no verdadeiro sentido de poder, mas é também vulnerável, aberto e confiante. Esse ser real é aberto à vasta e misteriosa parte de nós que é chamada de "inconsciente". E, por ser real, é capaz de se conectar a ela e de crescer, lembrando que é Um com o outro e com o Universo.

Cuidados médicos e psicoterapêuticos são considerados tão importantes quanto a necessidade de curar o coração. Porque sem re-abrir o coração um viciado pode ficar sóbrio, magro, livre das drogas, porém não deixa de se sentir miserável.

Para alguém ser feliz, é necessário que haja amor e se o coração permanece fechado, a pessoa pode estar numa multidão e, ainda assim, sozinho e desligado de seus companheiros. *Se a pessoa limpa o coração*, não há por que se preocupar com a mente. (Se o coração sente algo, a mente está tremendamente ocupada procurando a razão por que isto está acontecendo...)

Chamamos processo, esta limpeza, este RE-ABRIR O CORAÇÃO porque o *chakra* cardíaco é o *locus* da cura e é a chave para se restabelecer a saúde. A reabertura desse *chakra* deve, porém, ser realizada com suavidade, vagarosamente, de uma forma amorosa, a fim de que isto não seja profundamente doloroso. Haverá, com certeza, alguma dor envolvida no processo — a dor das velhas perdas, das rejeições, das feridas antigas... As feridas do coração são mortais, não há dúvida, mas um *chakra* cardíaco fechado — e ele se fecha com o abuso das substâncias viciantes — impede que se encontre alguém para amar, levando à rejeição do amor que existe, todo o tempo, ao redor.

Ao se começar a reabertura do *chakra* cardíaco poderá haver dor nas primeiras experiências. As feridas do coração precisam, porém, ser curadas. É preciso que se chore — as lágrimas são o melhor elemento de limpeza do coração. Não importa se o fato ocorreu há vinte anos ou ontem — se há dor, é preciso chorar. Mas necessário também é aprender a transmutar essas energias. Outra razão pela qual a reabertura do *chakra* cardíaco pode ser experienciada como dolorosa é quando alguém está tão habituado a tê-lo fechado, que terá uma reação profundamente contrária a sua abertura.

Os dependentes buscam outros estados de consciência e usam para isto as "ferramentas de poder" que são as substâncias viciantes. Estas são danosas por conta de seus efeitos colaterais. São como o fogo — na medida certa, o fogo cozinha a comida e, em excesso, a queima. As substâncias viciantes usadas podem servir a diversos propósitos, porém, quando abusadas, são profundamente danosas nos planos físico, emocional, mental e espiritual.

Há outras formas de se atingir estados de consciência e de se atrair energia sem correr o risco e o efeito danoso ao corpo físico e sutil, trazidos pelas substâncias viciantes. Esses processos fazem parte de um conhecimento milenar e permitem a conexão com o Ser Real, o Divino em si e, daí, com o Espírito.

A proposta do RE-ABRIR O CORAÇÃO inclui a utilização de essências florais, cristais e elixires de cristais e gemas, Meditação dirigida à Luz e REIKI — Sistema Usui de Cura Natural — em paralelo com o tratamento das condições físicas e psicológicas por profissionais da área. A idéia é que profissionais de diversas áreas interajam na recuperação do viciado.

O RE-ABRIR O CORAÇÃO é um trabalho destinado a dependentes e codependentes mas pode ser usado por qualquer pessoa que deseje a expansão de sua consciência e a reconexão com o divino em si.

AS BASES DO RE-ABRIR O CORAÇÃO — A ENERGÉTICA SUTIL HUMANA

A hipótese básica do RE-ABRIR O CORAÇÃO é de que somos muito mais do que corpo físico. Além do corpo físico, o ser humano tem outros *corpos* ou *planos* ou *níveis de consciência*. Em geral, esses corpos são englobados sob a denominação genérica de *aura* e podem ser vistos por pessoas psiquicamente despertas ou em fotos Kirlian, e o que os distingue é a freqüência vibratória.

Há muitas escolas e muitas formas de considerar esses corpos sutis; todas, porém, concordam num ponto: a energia desses corpos vibra a uma freqüência maior do que a da Luz. Nossos equipamentos de laboratório ainda não estão suficientemente sofisticados para registrar essas energias em aparatos mecânicos, mas se sabe que energias de diferentes freqüências podem coexistir sem provocar destruição. Nos processos hoje denominados de "cura holística" busca-se o equilíbrio energético a partir dos planos sutis, isto é, a partir das freqüências vibratórias de valores superiores. Como a energética sutil humana é interligada, quando se atua nos níveis energéticos superiores, os níveis energéticos inferiores podem ser afetados até a estrutura física molecular porque a energia flui dos potenciais mais altos para os mais baixos.

Neste, e em outros trabalhos sobre a energética sutil humana, adotamos a classificação da Teosofia, por considerar que é prática e facilmente compreensível.

Na Teosofia são considerados o Espírito, a Alma e a Personalidade. A Personalidade por sua vez é constituída pelo corpo físico e seu duplo, ou corpo etérico, pelos corpos emocional e mental. Algumas escolas dividem os corpos emocional e mental em "inferior" e "superior" sem que isto implique em juízo de valor, mas, apenas, se referindo a padrões de freqüência vibratória, isto é, aos ciclos por segundo em que a energia se move para se manifestar. A interação dos corpos etérico, astral e mental formam um todo que é o *padrão energético* da pessoa. Aquilo a que algumas escolas chamam de "corpo causal" — por enfeixar nossa experiência no planeta — chamamos Alma; a parte responsável pela interface entre a Personalidade e o Espírito, este, imortal. Ao Espírito são dadas, na literatura esotérica, denominações como Eu Superior, Ser Real, Criança Interior, Criança Divina.

No *corpo etérico* está a energia vital — ou, como alguns nomeiam, a força vital — e o sistema de auto-reparo. O *etérico* é o responsável pelo corpo físico, pelo fornecimento de energia às células, pela integração das energias que chegam ao corpo físico proveniente de outros planos, transmitindo-as através dos sistemas nervoso, endócrino e sangüíneo. Ele é o transmissor/receptor de impulsos telepáticos de natureza intuitiva, mental ou emocional. Pode-se reconhecer o corpo etérico de uma pessoa pelo grau de vitalidade que ela demonstra que é muito mais do que, simplesmente, *não ter doença*. O etérico não está separado do corpo físico e interage com ele muito intimamente, porque tem a função de energizar e sustentar o corpo físico estando, energeticamente, apenas uma oitava acima dele. O corpo físico não poderia existir sem o corpo etérico e se o etérico sofrer algum problema, isto se manifesta necessariamente no corpo físico.

A energia relacionada ao etérico é a kundalini e a energia prânica ou vital. Ele trabalha com a energia magnética, a luz, o som, o calor, o movimento e a atração/repulsão química. É o corpo etérico que faz a interface entre o corpo físico e o corpo emocional.

No *corpo emocional*, mais freqüentemente chamado de *corpo astral*, está a sede de nossos desejos e emoções, das disposições de ânimo (daí a expressão "baixo-astral" para quando não se está em boa disposição de ânimo). Este é o plano responsável pela ponte entre mente e matéria. Ele transforma as vibrações recebidas do físico em *sensações* que, quando atingem o plano mental, se transformam em *percepções*. O corpo astral tem uma "mente" — a dos hábitos, impulsos, desejos não expressados ou incontrolados e das aspirações, grosseiras ou sublimes. O corpo astral tem a natureza do elemento água (daí a expressão "perder o pé", para se referir ao fato de se deixar levar pelas emoções) e é facilmente excitável.

Diferentemente do corpo etérico, cuja ligação com o físico é muito estreita, os outros corpos ou planos de consciência têm seu "ponto focal", ou seja, um ponto de ligação com o físico. Os pontos focais do corpo astral são o estômago (e isto explica por que as emoções trazem as sensações para a boca do estômago) e os rins — onde se encontram nossa energia ancestral e as informações sobre as vidas passadas. O corpo astral estabiliza a personalidade e mantém as informações sobre vidas passadas em separado, dando o senso de estabilidade e segurança psicológica e é ele que nos permite ir até o outro e estabelecer relações.

Expressões como "viagem astral" não devem ser tomadas literalmente. O que ocorre na viagem astral é que a consciência foca a energia do plano astral e, como sua natureza é a da água, há a sensação de movimento, que é entendida como "viagem".

No *corpo mental* estão os pensamentos e as idéias. O mental tem uma freqüência vibratória mais alta que a do corpo astral. É o responsável pela criação e clareza de pensamentos e idéias concretas transmitidas ao cérebro, para serem manifestadas no mundo físico. Também cabe ao corpo mental a gerência das funções racionais. Os pensamentos astral/emocionalmente têm vida própria e são carregados de substância energética sutil que existe no campo energético dos pensadores. Eles têm forma definida, ocupam espaço e têm a qualidade do sentimento a eles associados. O cérebro físico é apenas uma interface para que a Alma se expresse na forma de vida física ativa.

O ponto focal do corpo mental é o cérebro esquerdo, enquanto o cérebro direito é responsável pelo equilíbrio — ou seja, pelo alinhamento — dos corpos sutis.

Esses corpos sutis têm um sistema de alinhamento que lhes é natural e, quando fora desse alinhamento, ocorrem as doenças, a infelicidade, o mal-estar. Se, por exemplo, os corpos mental e emocional estão impropriamente ligados ao corpo etérico, é gerada a ansiedade. Se os corpos mental e astral estão muito próximos, acontece a frustração, aparecem os medos, a inabilidade de dividir emoções e idéias e os medos inconscientes passam a atuar no comportamento, se expressando como dúvidas no plano mental e como falta de confiança no nível astral. Essa é a razão pela qual curadores energéticos sentem a aura de pessoas deprimidas como "muito pequena". Letargia mental e perda de autoconfiança aparecem quando o corpo mental se sobrepõe ao astral. Já as compulsões — as raízes dos vícios — acontecem quando os corpos mental e emocional estão impropriamente ligados.

A *Alma* é o centro da consciência egóica e, como veículo da consciência superior, liga o indivíduo à consciência coletiva (consciência planetária). Ela é o armazenador da essência abstrata ou Sabedoria adquirida com o tempo; é quem determina o fluxo de consciência para o cérebro e é isto que possibilita às pessoas estarem atentas sobre si próprias, sobre seus pensamentos e sentimentos. É a Alma que confere o poder de distinguir, discriminar, analisar e decidir. A condição da Alma é, portanto, a condição da consciência. Estar consciente de um plano, ou pôr a consciência num plano é se alinhar às energias — freqüências vibratórias — daquele plano. A Alma liga o espírito à personalidade e à forma, isto é, ao mundo físico, à vida material. Esse processo de integração entre personalidade e Alma é orientado intuitivamente pela Alma. E é para a Alma que a personalidade se volta quando se encontra em dificuldades.

A Alma também pode ser considerada como a freqüência energética distinta que identifica a pessoa. Seu ponto focal é a medula e, no plano físico, ela se expressa pelo sistema circulatório (e essa é uma das razões de, popularmente, se dizer que as doenças do coração são as "doenças da Alma"). O princípio da Alma é a sensibilidade e a inteligência que ela revela no plano material como mente.

O ESPÍRITO tem ponto focal na pituitária; expressa-se no físico pelo sistema nervoso. Ele é a expressão individual da Totalidade, a centelha divina que cada um de nós tem.

Todas as substâncias viciantes danificam os corpos sutis gerando "buracos" no campo energético por onde passam outras energias. Os dependentes perdem sua energia por esses "buracos áuricos" e, por isso, tendem a drenar a energia dos outros. Essa é a razão de familiares de pessoas viciadas sofrerem danos em seus corpos sutis e terminarem também dependentes buscando substâncias viciantes que preencham o desconforto que isso lhes causa. Os delírios paranóides de viciados são, muitas vezes, percepções de parasitos astrais em seu campo. Para haver uma recuperação do viciado, seus corpos sutis devem ser curados, tanto quanto seu corpo físico.

Os danos aos corpos sutis, gerados por substâncias viciantes ou por outras causas, são amplos e compreendem, entre outros:

- o egoísmo;
- o isolamento;
- a necessidade de estar no controle;
- a falta de confiança e de autoconfiança;
- a super-responsabilidade e o perfeccionismo;
- a negligência das próprias necessidades;
- as atitudes extremistas — "tudo ou nada";
- a alta tolerância para comportamentos não apropriados (indulgência/auto-indulgência);
- o medo do abandono;
- as dificuldades de resolver conflitos;
- as dificuldades de dar e receber (afeto, coisas materiais);
- a rigidez, o julgamento e a crítica; e
- as obsessões.

Esses corpos sutis têm seus órgãos — os *chakras* e o trânsito da energia é feito através de dutos chamados de *meridianos* e *nadis*. Como a energia sutil transita basicamente pelos *chakras*, eles deverão ser reparados para que se estabeleça um fluxo saudável da energia sutil. Esta energia flui ao longo de um eixo vertical e excitante (cafeína, cocaína, anfetaminas) jogam a energia "para cima", enquanto as drogas depressoras (álcool, açúcar, heroína) jogam a energia "para baixo". Com o tempo, o uso abusivo das substâncias viciantes afeta todos os corpos sutis e todos os *chakras* ocasionando uma espécie de "curto-circuito" energético. É, muitas vezes, nesse momento, que o viciado reconhece a necessidade de ser tratado e ajudado.

Os *Chakras*

Os *CHAKRAS* são os órgãos da anatomia sutil e o ponto central do equilíbrio dos campos vibracionais humanos. A energia de alta freqüência do cosmo — energia vital universal — é captada pelos *chakras* e distribuída pelo corpo de modo a poder ser usada por ele.

Os sistemas de *chakras* diferem na literatura esotérica do Ocidente e do Oriente e há muita confusão sobre os órgãos e as cores correspondentes. Há referências à existência de cerca de 360 *chakras* sendo que deles sete são considerados como "*chakras magnos*" e estão associados a um plexo nervoso, a uma glândula e a um tipo de percepção psíquica. Cinco desses sete *chakras* estão alinhados ao longo do eixo vertical do corpo formando uma corrente de energia que passa pelo centro do corpo. Esses *chakras* principais são denominados: básico, sexual (ou sacral), do plexo solar, cardíaco, da garganta, da testa (ou *chakra* frontal ou, ainda, terceiro olho) e *chakra* da coroa. Os *chakras* do coração, do plexo solar e da coroa recebem a energia dos planos superiores de forma direta. Qualquer um dos outros *chakras* recebe esta energia depois dela ter sido registrada e trabalhada por eles.

Além dos *chakras* magnos, outros são considerados importantes — dois nas palmas das mãos, dois nas plantas dos pés, um associado à medula e ao mesencéfalo (o *chakra* da medula oblongata) e o timo.

Os *chakras* mantêm o corpo num todo coerente e vital. É através deles que a energia vital circula alimentando a ação das glândulas endócrinas e garantindo a integridade das partes do corpo. Se um *chakra* pára de funcionar de modo apropriado a absorção da energia é perturbada significando que os órgãos associados a esse *chakra* não terão o suprimento energético necessário.

***Chakra* básico** — Situado na base da coluna, o *chakra* básico governa a sobrevivência, a autoproteção e a ancoragem (*grounding*). Ele é o responsável pelo senso de realidade e pelo desejo de viver.

As sensações cinestésicas (sensação de posição do corpo), proprioceptoras (sensação dos movimentos) e as táteis são geradas nesse *chakra* que é ligado ao corpo etérico e à vitalidade. Sua energia é a *kundalini*. Pessoas com bloqueio no *chakra* básico expressam medo, insegurança, preocupação com o passado e ficam "espaceadas".

Problemas nesse *chakra* podem ser originados pela relutância em encarnar, de trauma de nascimento, de sofrimento físico na infância e de lesões físicas no cóccix. Na vida adulta os traumas do *chakra* básico que podem predispor ao vício, são a ameaça à sobrevivência (guerra, por exemplo), perda recente de familiar, ter figura parental viciada ou abusiva física/sexualmente.

***Chakra* sexual** (ou sacral) — Situado abaixo do umbigo, na altura do osso sacro. O *chakra* sexual tem como aspectos internos a emoção (eu sinto), a sexualidade e a sensualidade.

O sacro trabalha a energia da substância — a assimilação, a circulação e a distribuição da energia prânica. Sua energia é o prana — a força da vida, a força do plano físico e dos instintos. Faz a ligação entre o corpo físico/etérico e o astral. Seu estado de consciência é o *sensual* ou seja, a identificação com o corpo físico e a busca da gratificação sensual. Ele registra também os momentos de autopercepção e de desejo espiritual.

Um padrão desarmonioso resulta em baixa vitalidade. Bloqueios no *chakra* sexual ocorrem em pessoas que tiveram uma infância muito controlada, que fizeram ou mantêm um casamento por conveniência ou que separam amor de sexo.

Pessoas com o *chakra* sexual fechado querem estar sempre no controle. Bloqueios no *chakra* sexual são responsáveis por problemas mentais como o retardamento e, na velhice, pela senilidade. Excesso de prazeres, preferência por música violenta e por alimentos picantes são indicativos de desequilíbrio do *chakra* sexual. Outras manifestações de desequilíbrio do *chakra* sexual são:

- as doenças psicossomáticas ligadas à supressão de energias sexuais — problemas de próstata, problemas nos órgãos sexuais femininos, impotência, infertilidade;
- o fanatismo;
- o ascetismo;
- a psicose de agressão do sexo oposto;
- a ansiedade referente à auto-estima;
- a agressividade;
- os relacionamentos fortes e com muita emocionalidade;
- o isolamento, a incapacidade de manter relacionamentos íntimos; e
- o abuso/estupro.

Crianças que foram precocemente estimuladas ou abusadas sexualmente por adultos desequilibram esse *chakra,* mas ele também pode se desequilibrar pela superênfase dada ao sexo pelos meios de comunicação.

A pessoa negativamente fixada no *chakra* sexual está atada à sexualidade e aos sentidos e faz disto sua base de percepção e de interação. Experiências traumáticas como parto difícil, estupro e incesto podem causar dano a esse *chakra* mas, em geral, ele se danifica a partir do desequilíbrio do *chakra* do plexo solar. Quando a auto-estima (plexo solar) entra em baixa, as formas de preencher o vazio são a procura de bens materiais, de relacionamentos dependentes, e o abuso de substâncias viciantes.

***Chakra* do plexo solar** — O *chakra* do plexo solar está situado no abdômen superior entre a 12ª vértebra torácica e a 1ª vértebra lombar. Seu aspecto interno é do poder pessoal — quem somos e como nos cuidamos, isto é, o modo como vivemos a vida e como nos ligamos aos outros. Ele é a sede da vida emocional e dos desejos e, quando em desequilíbrio, a pessoa manifesta um envolvimento anormal com as questões de poder.

A força astral que ele contém nos permite sentir emoção, desejo e a necessidade de toque. Desequilíbrio do *chakra* do plexo solar se manifesta entre outros, como:

- busca de prazeres sádicos;
- falta de sensibilidade;
- luxúria;
- depressão;
- sentimento de fracasso;
- medos secretos;
- aflição;
- ansiedade;
- medo de ser fraco;
- baixa auto-estima;
- inabilidade de relaxar;
- tendências negativas de comportamento (barulho, briga...);
- distúrbios do sono;
- aura aberta; e
- excesso de autocentramento (egoísmo).

O plexo solar registra emoções que tanto podem conter sentimentos do corpo emocional como pensamentos concretos do corpo mental.

A abertura do *chakra* do plexo solar permite a clarividência (visualização de imagens no campo astral) e a clariaudiência (escuta de sons do plano astral). O estado de consciência associado ao plexo solar é o *estético* — a apreciação estética da vida.

No período de gestação, e até os dois anos de idade, o *chakra do plexo solar* funciona como nutridor energético. A psicologia considera vital para o desenvolvimento da criança esse período e não sem razão. Nele há uma espécie de "fechamento" do plexo solar e as energias fluem para cima, na direção dos *chakras* superiores. Se houver bloqueio no processo o trânsito energético fica prejudicado, o que fará com que problemas apareçam mais tarde, sem que se possa fazer uma conexão direta entre estes problemas com os gerados pelos bloqueios na infância. (Entre esses problemas está o de se ser superestressado e de sentir o vazio que leva à busca de substâncias viciantes.) Como o primeiro *chakra* acima do plexo solar é o cardíaco, um bloqueio no fluxo ascendente, ocorrendo pelo segundo ano de vida, pode acarretar dificuldades em dar e receber afeto. As pessoas, que por isso passam, só conseguem se relacionar — com os próprios filhos e com os outros — através do plexo solar, isto é, através do poder e da autoridade. Um filho de uma pessoa que tenha sofrido tal bloqueio se tornará um adulto com sentimentos de isolamento e com a sensação de não ser amado, e de não pertencer.

Os bloqueios na área do plexo solar geram dependência porque nele estão focalizadas as energias do poder pessoal. Nossa cultura não aceita um adulto dependente e, daí, homens e mulheres de nossa cultura enfatizam o sexo para, literalmente, esconder que estão "girando em torno do umbigo". A ênfase no sexo disfarça carências intensas e quanto mais oral for a expressão sexual maior é a carência afetiva.

***Chakra* cardíaco** — Situado na região média do peito à altura da 5ª vértebra torácica, a energia do *chakra cardíaco* é a astral superior, que dá a consciência de grupo e a força da vida. A consciência do corpo também tem sede nesse *chakra*. Seu estado de consciência é a *compaixão* e seu registro é a qualidade e o poder do amor, danificando-se pelos relacionamentos. Os centros superiores de consciência só podem ser despertados a partir do coração e este não se abre, se a pessoa estiver mentindo para si ou para os outros.

Os danos a este *chakra* podem ser expressados como:

- intensa autopreocupação;
- falta de consciência de grupo;
- muita crítica e questionamento dos motivos alheios;
- rejeição ao afeto;
- carência de amor e atenção; e
- rigidez com a fé.

***Chakra* da garganta** — Situado no pescoço, a raiz do *chakra da garganta* se coloca na altura da 3ª vértebra cervical e é responsável pela ligação do *chakra* cardíaco aos *chakras* superiores, fazendo a ligação entre os corpos mental e etérico. O *chakra* da garganta trabalha a manifestação da energia do plano mental. Ele responde à força e à clareza da Alma, recebidas através do *chakra da testa*, possibilitando que a criatividade seja expressa sob forma de pensamento e de discurso, oral ou gráfico. O estado de consciência associado é o *criativo*, que permite a clareza do pensamento expresso pela fala racional.

O *chakra da garganta* governa a habilidade de comunicação, de se falar a verdade e de fazer isto com gentileza. Quando há bloqueio neste *chakra* a pessoa sente-se isolada, com a criatividade bloqueada e incompreendida pelos outros.

Quando desenvolvido, o *chakra da garganta* responde à força da Alma recebida através do *chakra da fronte*, possibilitando a existência da criatividade.

Bloqueios no *chakra da garganta* podem ocorrer pela presença de "segredos familiares" que podem ser "tóxicos" e "vergonhosos", como alcoolismo parental, abuso sexual, violência familiar, pais/familiares criminosos ou mesmo "segredos" mais sutis, como perda de emprego ou posição, relacionamentos ocultos etc. O ponto focal do "segredo" é evitar a expressão dos sentimentos como o medo, a raiva, a vergonha e a culpa que têm conseqüências diretas na forma de comunicação da família e implicam na geração da atitude de esconder ou mascarar os sentimentos e seu próprio Ser na família e no mundo.

A subatividade do *chakra da garganta* se mostra, no plano físico, como dificuldade de aprendizado, tendência à fadiga e ao vitimismo, orgulho (como compensação da falta de auto-respeito), vitimismo (o mundo não lhe deu condições de se desenvolver), falta de confiança nos relacionamentos, inflexibilidade (decorrente da recusa a "engolir" as coisas e parecer tolo e ingênuo).

***Chakra* da testa** — Situado entre os olhos e com o talo na nuca, é o *chakra* da testa — ou terceiro olho ou, ainda, *chakra* frontal — sendo considerado como a "sede da Personalidade". Sua glândula é a pituitária, sua energia, a força de vontade espiritual e seu estado de consciência é o *intuitivo,* que permite a facilidade de expressão da Sabedoria Interior. Esse *chakra* reconcilia Vida (Espírito) e Matéria (Personalidade) e permite a compreensão dos conceitos. Quando ele está superativo desenvolve-se a tendência ao perfeccionismo como forma de compensar uma auto-imagem ruim; se subativo, causa repressão e introversão, pouca vontade de aprender, metabolismo lento (resultando em trato intestinal preguiçoso) e desejo de agradar.

O *chakra do terceiro olho* se fecha no caso de excesso de pensamentos negativos (pessoas muito negativas não conseguem criar!), atitude negativa diante da vida e avaliação muito crítica do outro. Distúrbios nesse *chakra* provocam a incapacidade de avaliação e compreensão.

***Chakra* da coroa** — Situado no topo da cabeça, este *chakra* faz a integração do Espírito com a Personalidade, ancora o fluxo da consciência vindo da Alma e faz a integração do físico com o espiritual nos relacionamentos. Seu estado de consciência é o *divino*, já que ele é que permite o conhecimento direto, isto é, a revelação. Quando o fluxo energético é fraco no coronário, ocorrem distúrbios mentais como a deficiência mental extrema. Esse *chakra* pode sofrer danos antes do nascimento e isto será expresso no plano físico como retardamento mental (crianças que não desceram para seus corpos), como esquizofrenia ou como pessoas dizendo que vieram de outro sistema planetário.

AS FERRAMENTAS DE PODER DO RE-ABRIR O CORAÇÃO

Há, no mundo inteiro, clínicas e tratamentos lidando com os aspectos físicos, emocionais e mentais de viciados. O processo RE-ABRIR O CORAÇÃO não tem a pretensão de suplantá-los nem substituí-los, mas de somar, às abordagens existentes, um aspecto habitualmente esquecido de nossa cultura — o lado espiritual.

Por "espiritual" não se entenda alguma forma de "religião". A palavra espiritual deve ser encarada como sinônimo daqueles aspectos que não são percebidos pelos cinco sentidos físicos. Tornar-se consciente desses níveis sutis e utilizá-los consciente e positivamente — em vez de tentar atingi-los com o uso de substâncias viciantes — é a base deste processo.

O RE-ABRIR O CORAÇÃO propõe o uso de "ferramentas espirituais" — ou "vibracionais", porque trabalham no campo energético sutil — que possibilitam não só uma reconexão aos aspectos espirituais do ser, mas também com o Espírito que nos gerou, a todos.

• Reiki — Sistema Usui de Cura Natural

REIKI é uma palavra japonesa que pode ser traduzida como "energia vital universal". É também a palavra que identifica, no mundo inteiro, o SISTEMA USUI DE CURA NATURAL.

É muito referido como um "sistema tibetano de cura". Na realidade, não se sabe suas origens. Sua redescoberta ocorreu, no século passado, nos Sutras Tibetanos, pelo teólogo Dr. Mikao Usui, um japonês criado no cristianismo e doutor em Teologia e que dedicou parte de sua vida à busca dos processos pelos quais Jesus e Buda curavam.

Trazido para o Ocidente, pouco antes da II Guerra Mundial, por uma nipo-americana — Hawaio Takata — residente no Havaí, o REIKI só ganhou divulgação ampla após a morte de Takata em 1980. Nessa ocasião os Mestres de REIKI, iniciados por Takata, se espalharam e começaram a difundir o sistema pelo mundo.

A energia REIKI é aquela que cria e sustenta o universo e, com outros nomes, vamos encontrá-la mencionada em todas as tradições e religiões do mundo. Essa é uma ordem de energia que não tem uma polaridade dominante porque contém em si o *yang* e o *yin*, o magnético e o elétrico, o ativo e o passivo. Essa também é uma ordem de energia "inteligente" — não pode ser manipulada por nossa consciência objetiva e "sabe" onde estão as causas dos bloqueios que mantêm as pessoas pobres, doentes e infelizes.

A utilização do Sistema Usui e da energia REIKI é extremamente simples. Até crianças podem aprendê-lo. Mas há algumas características que são importantes e que o distinguem de todos os outros sistemas de curas energéticas:

- O aprendizado é iniciático, isto é, a pessoa passa por uma INICIAÇÃO feita por um Mestre e Professor para se habilitar a canalizar a energia REIKI.

- A iniciação se constitui de pequenas cerimônias chamadas de ATIVAÇÕES durante as quais o Mestre e Professor trabalha os canais sutis, permitindo que a pessoa se torne um canal para a energia REIKI.
- Feita a iniciação, a pessoa estará pronta e *permanentemente habilitada* para trabalhar com a energia REIKI, tratando a si própria e aos outros.
- O aprendizado é feito em níveis. Para o primeiro nível não há exigência de espécie alguma. Basta que a pessoa manifeste seu desejo de receber a Iniciação. A pessoa pode ter recebido tratamentos com a energia REIKI mas o recebimento anterior de tratamentos não é condicionante para o recebimento da Iniciação.
- Devido ao caráter iniciático do Sistema Usui, cada nível é completo em si. As diferenças dos diversos níveis está no "endereçamento" da energia. No *primeiro nível* a pessoa se habilita para tratar as questões físicas e emocionais e com a pessoa presente. No *segundo nível,* a pessoa aprende a tratar diretamente o plano mental (onde estão enraizadas e estruturadas nossas crenças e os vícios) e pode tratar tanto com a pessoa presente quanto ausente. O *terceiro nível* habilita as pessoas a darem iniciação e do *quarto ao sétimo nível* se dá o aperfeiçoamento do Mestre.
- O caráter iniciático também exime a pessoa de "reciclagens" ou "supervisões". Como a experiência de cada pessoa é única, os Mestres, em geral, permitem que pessoas já iniciadas freqüentem gratuitamente os seminários seguintes para troca de informações e experiências. A passagem por uma nova cerimônia de iniciação é possível, mas há critérios a que o Mestre, para tal, deve obedecer.
- Há algumas exigências para que a pessoa seja habilitada ao segundo nível, e um elenco de condições a que a pessoa deve satisfazer para se habilitar como Mestre e Professor, porque o nível três é o único feito em duas etapas (e elas são necessárias para promover o crescimento do Mestre e para sedimentar sua decisão interior de dedicar sua vida

ao ensino do Sistema Usui e ao trabalho com a energia REIKI).

- Uma das mais importantes características do Sistema Usui é que ele habilita a trabalhar com a energia REIKI como canal e, em conseqüência, a consciência objetiva não interfere no processo. Durante a auto-aplicação, ou a aplicação em terceiros, não há necessidade de se pensar em nada, de se concentrar em nada; não há necessidade de meditar ou rezar. Obviamente a pessoa pode, se desejar, trabalhar meditando ou rezando e isto pode contribuir para seu próprio progresso, mas não interferirá nos caminhos da energia REIKI. Também não há necessidade de roupas especiais, instrumentos e equipamentos. A pessoa, enquanto canal, disponibiliza a energia REIKI (para si ou para os outros) e é seu Eu Superior, seu Cristo Interno, sua Consciência Divina que vai drenar a energia necessária tanto à autocura quanto à cura alheia. Dessa forma é impossível a manipulação da energia REIKI, ou seu uso com fins egoístas. É por essa razão que o Sistema Usui iguala a todos — não há reikianos "melhores" — uma criança pode aplicar a energia REIKI com o mesmo sucesso que um adulto, uma pessoa com pós-doutorado pode aplicar REIKI com a mesma proficiência que um analfabeto; uma pessoa com doença contagiosa pode aplicá-lo tão bem quanto a mais sã das criaturas e uma pessoa drogada pode aplicá-lo com a mesma eficiência de alguém que seja um poço de virtudes. Esse caráter iniciático do Sistema Usui é seu cerne e, muitas vezes, isto é difícil de ser entendido por nossa mente Ocidental acostumada a que todos os aprendizados passem pelos processos da mente consciente e que exijam longos treinamentos. A única forma de dirimir esse tipo de dúvida é passar pela INICIAÇÃO e experienciar por si.
- Em sua extrema simplicidade o Sistema Usui pode ser auto-aplicado, ou ao próximo, em qualquer hora ou lugar, porque não há rituais complexos envolvidos no processo.

Assim aquelas pessoas que "não têm tempo" podem se aplicar REIKI enquanto conversam com os amigos, vêm TV, estão no ônibus, no teatro, na fila do banco...

- As Iniciações são, muitas vezes, feitas em seminários em final de semana. Isto acontece porque a grande maioria de Mestres é itinerante, o número de pessoas habilitadas como Mestre e Professor é pequeno no mundo inteiro, passando pouco tempo nas diversas localidades que visitam. Em geral, há divulgação antecipada desses seminários. Mas a pessoa pode dispor também — em algumas cidades onde há Mestres residindo — daquilo que é chamado "Iniciação particular". O termo designa a realização de seminários, não anunciados publicamente, que pode beneficiar todos aqueles que, por razões de saúde, de trabalho ou outras quaisquer, não possam participar dos seminários de fim de semana. É importante a compreensão de que não há a obrigatoriedade de que a iniciação dure um fim de semana inteiro. O tempo de duração do seminário é em função, sempre, do número de pessoas envolvidas. Pequenos grupos podem ser iniciados numa tarde sem que haja perda quanto ao processo. A essência do processo é a correta habilitação do Mestre e não o tempo de envolvimento no seminário.
- Qualquer pessoa pode se beneficiar da iniciação ao REIKI independente de sua condição religiosa, cultural ou financeira. REIKI não conflita com nenhuma religião, seita ou filosofia porque todas admitem a existência de uma energia superior, seja qual for o nome que lhe seja dado, que cria e sustenta o Universo.

Uma vez recebida a iniciação a pessoa passa por um processo de desintoxicação profundo e que ocorre nos primeiros 21 dias. As toxinas físicas e psíquicas vão sendo eliminadas e os sistemas corporais de eliminação são acionados — pode haver um aumento da quantidade ou alteração de cheiro e textura de fezes, urina e suor.

A pessoa pode se beneficiar do Sistema Usui recebendo a iniciação ou tratamentos. Também no que respeita ao processo de tratamento há diferenças com relação a outros sistemas de cura energética — o *tratamento básico* deve ser feito em *quatro sessões consecutivas* ou, quando não puder ser feito assim, três sessões consecutivas com um dia de parada e a quarta sessão feita no quinto dia. É assim e só assim que a energia trabalha e, nos casos mais graves, a continuidade e a freqüência só podem ser decididas depois do tratamento básico. Em geral, os tratamentos energéticos são feitos, em muitos dos sistemas existentes, em uma ou duas sessões por semana e esta característica do REIKI surpreende a muitos. Em geral, o preço de uma sessão de REIKI corresponde ao de uma sessão de psicoterapia ou de massagem, mas é comum o argumento de que REIKI é caro. A diferença é, apenas, psicológica — pagar quatro sessões consecutivas ou pagar quatro sessões, uma por semana. E, em qualquer circunstância, a pessoa pode se dispor a fazer a Iniciação e se tratar em caráter permanente.

Outra característica marcante do Sistema Usui é de que a pessoa não usa a própria energia e, portanto, não fica sujeita a desgastes físicos ou energéticos. Enquanto está aplicando a energia REIKI a outra pessoa, o reikiano (como são chamados os iniciados) também recebe REIKI, de modo a que não seja contaminado por energias doentes e densas da pessoa em tratamento. Após sessões com pessoas profundamente intoxicadas, sempre se produz uma descarga de urina ou, mais eventualmente, de fezes, porque o campo energético da pessoa está sendo limpo. Minha experiência pessoal é de que quando se aplica REIKI em usuários de morfina a limpeza se faz também através do suor abundante e de cheiro forte.

A energia REIKI trabalha nos planos físico e sutil e pode ser usado para a *cura física* de diversos males, como, exemplificadamente: dores de todas as etiologias, ferimentos, úlceras, doenças metabólicas, asma, desequilíbrios da pressão arterial, tumores, problemas de coluna, problemas de pele de qualquer natureza, viroses, tensão pré-menstrual, problemas de menstruação, reumatismo, artrose, artrite, problemas renais, constipação intestinal, problemas de olhos, ouvidos, nariz e garganta, estresse. No *plano emocional* podem ser trabalhados os medos (conscientes ou não), depressão, traumas (recentes ou antigos), hiperatividade, ódio, ressentimento, crítica, julgamento, ansiedade, problemas resultantes de abuso físico ou sexual, rigidez, problemas de identidade, problemas por perdas ou luto. No *plano mental* REIKI trabalha com a mudança do sistema de crenças que mantém a pessoa pobre, doente e infeliz, trabalhando a raiz do vício, seja ele álcool, maconha, cocaína, comprimidos para dormir ou emagrecer, analgésicos, cafeína, morfina, heroína, ou qualquer outro, e traz a clareza mental, um melhor direcionamento de ações, planos e projetos e libera os bloqueios que dificultam o aprendizado, seja em adultos, seja em crianças. No *plano espiritual* a energia REIKI pode ser usada para aprofundar os níveis de meditação e de desenvolvimento da criatividade, da clarividência e da clariaudiência e da intuição para abertura aos níveis superiores da consciência (contato com o Eu Superior ou o Anjo de Guarda), para abertura do *chakra* cardíaco, a cura nos níveis profundos e para transcendência para o amor incondicional e, ainda, para acessamento aos conteúdos de vidas passadas.

Embora o RE-ABRIR O CORAÇÃO tenha sido um processo desenvolvido no trabalho com pessoas viciadas, ele pode ser utilizado por qualquer um que deseje trabalhar com a expansão da consciência e, nesse caso, as "ferramentas de poder" propostas são totalmente aplicáveis.

No caso específico de pessoas viciadas a atuação da energia REIKI traz os seguintes benefícios:

1. trabalha, simultaneamente, a energética física e sutil, promovendo uma desintoxicação profunda e trazendo relaxamento, alívio das dores físicas (se houver), emocionais e um reequilíbrio energético que resulta em bem-estar;
2. o dependente pode se beneficiar dela sob forma de tratamento e, numa fase posterior, receber a Iniciação passando, portanto, a assumir a responsabilidade por sua harmonia e bem-estar;

3. os familiares que desejarem colaborar ativamente no processo de recuperação podem receber a Iniciação, beneficiando-se também diretamente do reequilíbrio energético que o REIKI promove e podendo, ainda, em certas fases do processo, assumir a responsabilidade total ou parcial pelo tratamento com REIKI, o que tem implicações no custo do processo e na psique da pessoa. E todos aqueles que se envolveram com trabalhos de ajuda e de aconselhamento sabem o quanto é importante, na grande maioria dos casos, o engajamento familiar para recuperação das pessoas viciadas, deprimidas, doentes, infelizes;
4. os custos de tratamento são minimizados — uma vez feita a iniciação a pessoa pode se autotratar. Adicionalmente, pode também estabelecer um sistema de trocas com outro reikiano e essas trocas, por tradição, não têm ônus financeiro;
5. o vício é, do ponto de vista da espiritualidade, uma busca de alteração de estado de consciência, e, uma vez desintoxicada no plano físico e no plano sutil, a pessoa pode se sentir segura para assumir sua sensitividade e trilhar um caminho mais espiritual

A duração do tratamento não é previsível. Aliás, isso não acontece em nenhum sistema de tratamento energético. Cada caso é um caso. Inúmeros fatores estão envolvidos — o tempo de abuso, as próprias condições de vitalidade da pessoa, o tipo de substância utilizada, o tempo e a quantidade de utilização. Uma coisa porém é imprescindível — a mobilização da vontade. Se a vontade for mobilizada o tratamento funciona, porque a energia REIKI não atua contra a vontade de ninguém. Manter-se doente, viciado e pobre é, muitas vezes, uma forma de obter afeto. De forma negativa, sim. Mas, na mente daquela pessoa, a única forma.

Um fator importantíssimo para o terapeuta de REIKI — ou de qualquer outra modalidade de terapia — é conscientizar o paciente de que a mobilização de sua vontade é importante. Pacientes adolescentes, por exemplo, que fazem tratamento por vontade e deliberação dos pais, têm um nível de resistência profundo. Alcoólatras, por exemplo, podem vir ao consultório trazidos por seus companheiros ou companheiras alegando uns que só bebem "socialmente", e outros, que "quero morrer bebendo!"; e até há quem diga "...mas eu preciso do álcool para relaxar e agüentar as pressões do trabalho!"

Embora o nível I de REIKI permita o tratamento se recomenda para aqueles que desejarem adotar o RE-ABRIR O CORAÇÃO a iniciação ao nível II do Sistema Usui, porque com esse nível se pode tratar diretamente os conteúdos mentais e inconscientes de forma direta. Possibilita também aos que são curadores auxiliar pacientes em fase de recuperação que estejam vivendo as angústias da abstinência que podem ser tão fortes em alguém que tem um "pequeno vício" — como o abuso de fumo ou de chocolate, por exemplo — quanto no usuário de doses maciças de cocaína.

• Terapia Floral

As flores exercem, indiscutivelmente, uma atração especial sobre as pessoas e isto pode ser observado, através dos séculos, na pintura, na tapeçaria, nos bordados, na cerâmica, na joalheria, na arquitetura e na literatura. Há um simbolismo rico e variado ligado às flores. Elas foram usadas para homenagear tanto a deuses e a Deus quanto para os homens. Flores sempre foram sinônimo de celebração. No passado remoto, o plantio de certas ervas ou plantas se revestiu de significado. O conhecimento dessas tradições se perdeu, mas certas flores ainda são usadas em algumas circunstâncias sem que se saiba que o porquê se assenta num conhecimento muito antigo.

Praticamente, todos os seres humanos gostam das flores sem ter uma explicação objetiva para o fato. Elas estimulam a visão e o olfato, mas o mais importante é que levam a níveis profundos de consciência aos quais se está pouco habituado.

Os orientais, em suas meditações, percebem o coração como uma flor. Isso se deve também ao fato de que as flores estimulam a parte da aura correspondente ao coração, e é bom lembrar que um botão aberto é uma mensagem subliminar de "coração aberto" para dar e receber amor.

Ainda em nossos dias é mantida a tradição de se dar flores para cortejar uma mulher ou acabar uma briga e, em todos os tempos e povos, as flores fizeram parte dos rituais de casamento.

O uso mágico das flores também faz parte das tradições místicas de todos os povos — os druidas usavam o RED CLOVER (trevo-dos-campos) e o PENNY ROYAL (poejo) como uma proteção contra "maus espíritos" e contra "olho-gordo". Os chineses usavam — e usam — os talos do YARROW (milefólio) para os trabalhos com o *I Ching* e muitos o usam para limpar a negatividade. Os índios americanos usavam SAGE (sálvia) queimada para limpar a negatividade. Flores brancas, como o lírio, foram associadas à morte e o WILLOW (salgueiro) era um símbolo de luta. Os ramos de OLIVE (oliveira), planta sagrada entre os gregos, eram usados por eles como símbolo de paz, enquanto os judeus os utilizavam para ter segurança nas viagens. O LOTUS é uma planta sagrada em inúmeras culturas — no Oriente, se medita o lótus das mil pétalas e, no Egito, era o símbolo da ressurreição. Os incas fizeram do SUNFLOWER (girassol) o emblema de seu deus solar, e culturas como a japonesa e a chinesa usam a Ikebana — a antiquíssima arte de arranjar flores — como uma forma de meditação e desenvolvem aquilo que poderia ser chamado de "consciência da flor". Chineses e japoneses têm flores designadas para cada mês como acontecia, nos tempos remotos da pré-cristandade, com os druidas. Nessa tradição, se associava cada dia de um mês a uma flor e é daí que deriva o costume de dar nome de flor às pessoas, particularmente às mulheres. Todos os simbolismos derivam de associações conscientes ou inconscientes e com o simbolismo floral não é diferente.

As flores também vêem sendo usadas, há séculos, como remédios e já havia registro de seu uso para fins curativos no ano 1500. Modernamente o conhecimento de seu uso foi resgatado por um médico inglês — dr. Edward Bach — que as tornou conhecidas na década de 1930. Foi ele o criador do sistema de 38 essências florais, conhecido como Florais de Bach.

Durante muitos anos somente se contou com os Florais de Bach mas, a partir dos anos 70, como parecendo atender à batuta de um Maestro Invisível, outras empresas, em várias partes do mundo, passaram a desenvolver pesquisas e a fabricar florais, ampliando o espectro de aplicações e de cura.

As essências florais trabalham basicamente no campo sutil e são uma poderosa "ferramenta de poder" para a transformação da consciência, para a mudança de padrões indesejáveis como raiva, medo, culpa, ressentimento, baixa auto-estima, para a liberação de traumas e emoções reprimidos que afetam a todos e, de modo especial, aos viciados.

As essências florais podem também ser usadas para ajudar à construção de padrões saudáveis de auto-estima, de criatividade e para o desenvolvimento de uma vida espiritual equilibrada.

As essências florais não trabalham diretamente nas condições físicas e, como tal, não são *medicamentos* no sentido usual da palavra.

As essências florais podem ser qualificadas como "*remédios para a alma*" conforme expressão do próprio dr. Bach. A palavra grega *psique* significa tanto "alma" como "borboleta" e isso pode ser entendido simbolicamente como a capacidade que a Alma tem de transformar o Ser até que ele, leve como uma borboleta, atinja a liberdade de (novamente!) usar "asas celestiais".

A alopatia — o sistema de medicina ao qual estamos acostumados — usa como base a "Lei dos contrários", isto é, as doenças são combatidas com remédios que produzem o efeito contrário. O modelo atual de saúde tem uma visão mecanicista do ser humano cujas raízes filosóficas se encontram no século XVII e nas obras de Descartes e Newton. Há uma associação subliminar entre "saúde" e "guerra" e nosso cotidiano está cheio de expressões do tipo "combate à febre amarela" (ou outra doença qualquer), "campanhas de vacinação" e "luta" contra a AIDS, o câncer, as doenças endêmicas e, nesse modelo, o corpo humano é visto como uma "máquina" e os cuidados com o físico são destinados a "consertar" ou "substituir peças defeituosas". Mais modernamente, com o advento dos computadores, o corpo humano passou a ser visto como um "biocomputador".

A homeopatia — um sistema de cura desenvolvido pelo médico alemão Samuel Hahnemann há dois séculos, alijado da sociedade ocidental por ser considerado "não científico" e, agora, incorporado como "prática médica" — trabalha de acordo com a "Lei dos Semelhantes", a qual estabelece que a substância que causa um complexo particular de sintomas em largas doses vai estimular o corpo a curar um mesmo complexo de sintomas se usada em doses bastante diluídas ou "homeopáticas".

Correntemente a palavra "terapia" é usada para significar o tratamento e a cura das doenças, mas é conveniente se reportar à raiz grega *terapheia* que tem um significado espiritual de "serviço" e inclusive *therapeuein* significa "tomar conta". Nesse sentido de *serviço* e *cuidados* pode-se falar de uma *terapia floral*. O caminho de nutrir e sustentar a saúde com as forças da natureza é o da terapia floral, porque as essências florais, ao trabalharem por *ressonância vibracional*, vão suavemente impactando e despertando aspectos profundos do Ser e, como resultado, tornam-se agentes catalisadores que estimulam as mudanças a partir do interior. As essências florais trabalham de forma diferente dos analgésicos e das drogas supressoras que podem, a longo ou médio prazos, gerar dependência. A terapia floral faz mudanças benéficas na consciência que continuam mesmo depois de pararmos de tomar as essências florais.

Embora tenham em comum com os fitoterápicos o uso de materiais oriundos do reino vegetal, as essências florais não são fitoterápicos. Esses são recolhidos com base em sintomas físicos e usados pelos seus constituintes físicos. Os extratos e tinturas de plantas que são preparados com propósitos medicamentosos e para usos no corpo físico podem, se tomados na quantidade, tipo ou forma errada, provocar danos físicos.

As essências florais não causam dano físico e por trabalharem nos planos da energética sutil são auto-ajustáveis — os corpos sutis absorvem, apenas, o que o nível atual de consciência do usuário permitir. Daí porque um dos primeiros efeitos da terapia floral é tornar a pessoa consciente do que pensa. A consciência do que se pensa traz, em seu bojo, a consciência das emoções — sentimos o que pensamos e, com o pensamento, criamos nosso mundo.

As essências florais também não devem ser confundidas com os óleos essenciais usados na aromaterapia, porque o termo "essência floral" é impropriamente usado para definir os perfumes e óleos essenciais. Estes óleos são extraídos a partir de processamento *físico* das flores ou outras partes das plantas, enquanto que nas essências florais só as qualidades vibracionais da flor são transferidas. Além disso, os produtos da aromaterapia são fortemente identificados com seu cheiro e as essências florais, exceto o cheiro do *brandy* ou de outra substância usada como conservante, não têm cheiro.

As essências florais também são diferentes dos remédios homeopáticos porque:

- Os remédios homeopáticos podem ser preparados com materiais originados do reino animal, do reino mineral, de nosodos (remédios feitos a partir de elementos patogênicos) e do reino vegetal, podendo, porém, ser usada qualquer parte da planta, enquanto que as essências florais utilizam apenas as flores.
- Nos remédios homeopáticos, preparados com materiais oriundos do reino vegetal, as propriedades físicas das plantas são removidas, restando apenas as propriedades energéticas sutis, enquanto nas essências florais somente a parte sutil — a energia vital — das flores é empregada.

- Os remédios homeopáticos devem "casar" a freqüência energética da planta com a "freqüência da doença", enquanto as essências florais ajustam o fluxo de consciência que gera o estado de doença.
- Os remédios homeopáticos têm sua influência bioquímica atenuada ou eliminada quando suas forças energéticas são incrementadas através do processo de potencialização e são altamente diluídos, enquanto as essências florais são usadas na segunda diluição.
- Os remédios homeopáticos precisam ser altamente potencializados para afetar os estados emocional e mental, e as essências florais atuam nesses campos de modo direto e suave (muitos homeopatas, também praticantes da Terapia Floral, observam que a atuação dos medicamentos homeopáticos na psique se faz de modo mais forte, o que parece torná-los semelhantes aos remédios usados na alopatia).

Não se recomenda — de modo especial no caso de usuários de drogas pesadas — a automedicação. Mesmo considerando que as essências não causam dano físico, falta à grande maioria dos dependentes a consciência quanto a seus padrões de pensamento e de comportamento e, em conseqüência, há também uma carência de objetividade para automedicação. Além disso, no processo de cura espiritual, os construtos desarmoniosos vêem à superfície para serem "limpos" e um profissional habilitado saberá como proceder para não provocar catarses desnecessárias e sofrimentos adicionais e inúteis.

• Cristais

As culturas antigas usaram CRISTAIS e pedras preciosas para curar. Este é um conhecimento que também vem sendo resgatado nas últimas décadas, em todos as partes do mundo.

As pedras têm o que se pode chamar de "princípio estável" — elas vibram a uma freqüência constante que entra em ressonância com outras estruturas energéticas, inclusive com as estruturas cristaliformes do corpo físico. Para compreender a ressonância considere dois pianos num ambiente — se uma nota for tocada em um o outro emitirá a mesma nota mesmo que suas teclas não sejam tocadas.

Ao entrar em ressonância com a estrutura energética humana o cristal transfere ao corpo seu padrão energético estável. Quando se tem uma doença física, ela aparece no nível anatômico, mas antes disso apareceu nos níveis celular e biomolecular que são muito mais sutis.

As pedras também têm a propriedade de amplificar o pensamento. O pensamento é que molda nossa vida. A luz pode atravessar um sistema de filtros e continuar a ser um sistema único de *espectrum* de luz. Da mesma forma, os pensamentos podem ser projetados numa pedra, moldados de acordo com a freqüência vibratória do cristal e, então, reassimilados no corpo através da atividade das estruturas biomoleculares.

As pedras não podem estimular a cura por si próprias. É preciso que haja a amplificação da nova forma-pensamento que ganha ressonância na pedra e que é, então, recebida nos níveis profundos do corpo, produzindo uma profunda harmonia vibratória entre ela e o nível molecular da pessoa.

As pedras também podem ser usadas para meditar, produzindo uma "iluminação" quanto às causas do comportamento da pessoa, que pode, então, trabalhar sua transformação. É importante que se compreenda que a pedra não modifica, por si, o comportamento de ninguém.

As pedras, em contato com os *chakras* — que são "órgãos" da energética sutil — vão alterar e podem equilibrar a dinâmica psicoespiritual do indivíduo.

No processo do RE-ABRIR O CORAÇÃO os cristais são usados no processo de meditação, ora proporcionando a absorção de sua energia ora sendo empregados para reprogramar padrões de comportamento. Igualmente se sugere o uso de ELIXIRES DE CRISTAIS e pedras preciosas.

Os elixires de pedras são preparados de várias formas e de modo similar às essências florais, sua vibração é transmitida à água.

É importante lembrar que, embora atuem no campo energético, os elixires de pedras agem primeiramente no nível físico. Na medicina indiana — *ayurvédica* —, as pedras são preparadas como pós. Os minerais — como as plantas — podem ser tóxicos, assim, ao adquirir seus elixires — ou encaminhar seus clientes —, recorra a fontes confiáveis e de reputação estabelecida e, a menos que conheça o sistema, não utilize os pós das pedras.

É preciso ter também presente que a cura exige, na maioria das vezes, mudanças profundas nos comportamentos e pensamentos. O paciente deve ser esclarecido que este é um *processo de tratamento vibracional* e não um trabalho misticóide prometendo a cura imediata.

• Meditação

Quando se fala em MEDITAÇÃO, em geral, o que surge na mente das pessoas são os estereótipos ligados ao termo "místico". Em nosso mundo, MEDITAÇÃO e "místico" parecem ser sinônimos "perfeitos". Quase sempre, o místico é visto como aquele sujeito que acredita naquilo em que ninguém mais pode acreditar ou compreender, ou como alguém que fala (ou escreve) coisas inteligíveis, ou, ainda, como quem se retirou do mundo e não consegue realizar as tarefas "normais", já que distanciou-se do "senso comum" e está — quase! — à beira da insanidade.

Na realidade, o místico é um ser que busca a experiência de se relacionar com a totalidade do Universo e que trabalha consistentemente usando a MEDITAÇÃO.

O trabalho de MEDITAÇÃO — seja qual for o método adotado — é feito para fortificar e organizar a estrutura da Personalidade. A hipótese é de que, se a estrutura é fortificada e tornada coerente, os conteúdos que estão num nível não ideal se moverão para níveis melhores e mais adequados.

A hipótese de trabalho da MEDITAÇÃO difere da psicoterapia clássica, cujo foco é o conteúdo que deve ser reorganizado pela conscientização dos elementos perturbadores.

Há muitos caminhos e muitos processos de MEDITAÇÃO. Nenhum é fácil. Todos exigem um trabalho sobre a mente e como nossa mente é indisciplinada, ela, no mais das vezes, se recusa a ser conduzida pela vontade.

A MEDITAÇÃO também produz um estado de relaxamento profundo par a par com um estado altamente alerta. O estado fisiológico, trazido pela MEDITAÇÃO, parece ser o oposto àquele produzido pela raiva e pela ansiedade.

Tanto a MEDITAÇÃO como as drogas provocam estados alterados de consciência. A diferença é que no processo de MEDITAÇÃO não se passa de um nível de consciência para outro, a não ser que se esteja preparado e pronto para integrar a experiência.

Com as drogas se é levado à alteração, quer se esteja preparado ou não, e é muito pouco provável que se consiga crescer através dessas experiências. As drogas trazem as "viagens" onde as pessoas se vêem forçadas a chegar num lugar para o qual não foram preparadas para ficar.

As MEDITAÇÕES do RE-ABRIR O CORAÇÃO são meditações ativas na Luz — com ou sem o uso de cristais. São MEDITAÇÕES estruturadas, curtas, que trabalham os campos energéticos sutis.

O CONCEITO DE VICIADO

Há muita controvérsia sobre "quem é" e "quem não é" viciado. Porém, primeiramente, o que se deve reconhecer é que somos, todos nós, de alguma forma e em algum nível, viciados. Em seguida, que muitos vícios não são assim considerados, como o uso sistemático e abusivo de açúcar, de cafeína e de amido, por exemplo. E que também não o são os comportamentos compulsivos, que transformam em vícios o trabalhar (*workholism*), o comprar, o ler, ver TV, o comer, o ter/cuidar de animais domésticos e, mais modernamente, os "vícios" em computador e em *video-game*. Existem, ainda, formas mais estranhas de "vícios" — os de sentimentos e pensamentos. Famílias inteiras se viciam em sentimentos de medo, ansiedade, melancolia, pobreza, avareza etc. Pensamentos recorrentes — a famosa "ruminação" — também são um tipo de compulsão viciosa, assim como o detalhismo em excesso.

Os comportamentos compulsivos não foram incluídos no escopo deste trabalho mas o processo do RE-ABRIR O CORAÇÃO pode ser usado para curá-lo.

Nesse trabalho estão sendo precipuamente considerados os vícios decorrentes da ingestão de substâncias viciantes e considera-se importante o estabelecimento de quem é *psicologicamente dependente* e de quem é *fisicamente viciado*.

A pessoa *psicologicamente dependente* é aquela *que não pode passar SEM* a substância viciante, é aquela que precisa disto para se sentir bem, para se soltar, ou até mesmo aquela que, não fazendo uso diário, procura "ficar alta" no fim de semana ou faz disto o seu lazer. A substância viciante é usada para esconder emoções desagradáveis — ansiedade, tristeza, raiva... — que podem, assim, se apagar tão rapidamente que a pessoa não saberá mais, naquele lapso de tempo, que tais emoções continuam presentes. A dependência psicológica traduz, em sua forma, a intoxicação da alma.

A pessoa *fisicamente viciada* é aquela cujo organismo não funciona sem a substância viciante e que tem reações a sua ausência (Síndrome de abstinência). Em alguns casos, a pessoa já desenvolveu as doenças físicas correlacionadas ao abuso da substância viciante.

O processo de se tornar viciado, por ser lento e insidioso, quase não é notado. E é por isso que a pessoa, hoje psicologicamente dependente, pode se tornar fisicamente viciada, amanhã. A rapidez da instalação da dependência se faz sempre em função do tipo de substância usada e da estrutura física e psicológica do usuário. Seus danos físicos são do conhecimento da medicina e bastante enfatizados pela mídia atualmente. O que é pouco conhecido sobre o vício diz respeito aos danos causados aos corpos sutis e aos *chakras*. Muito antes de uma pessoa ser diagnosticada como fisicamente viciada, a substância viciante — seja ela álcool, açúcar, cafeína, heroína ou drogas medicamentosas — pode danificar os corpos sutis e os canais por onde a força vital, a energia da Vida, circula.

OS VÍCIOS NO CONTEXTO SOCIAL

No século passado, o uso de drogas era pouco difundido no Ocidente e restrito a certos ambientes, em especial os da elite artística intelectual. Baudelaire, escritor francês, foi usuário de haxixe, e Freud, de cocaína e morfina, entre muitos outros. Mas, em geral, o mundo dos tóxicos, no Ocidente, sempre foi o "mundo dos perdidos".

Em nosso século, o uso de substâncias viciantes assumiu outros contornos. Perderam-se valores e a violência da sociedade atual é tamanha que o medo se instalou e as pessoas deixaram de acreditar na Vida. A guerra do Vietnã trouxe uma enorme contribuição à disseminação das drogas e o movimento *hippie,* de contracultura, tornou-se "cultura". As cidades passaram de metrópoles a megalópole, e a solidão se tornou mais profunda e a violência se instalou em todos os lugares.

Somos uma cultura de viciados. Nossos vícios têm raízes nos desequilíbrios culturais e sociais que nos cercam, a todos, devido aos efeitos desumanizantes de nossa cultura. Estamos sujeitos, por exposição, à intoxicação causada por plásticos, aditivos de alimentos, poluentes do ar, roupas sintéticas, fórmulas químicas e aparelhagens eletroeletrônicas... Essa intoxicação vai envenenando o campo sutil, trazendo insatisfação, raiva e agressividade... Ser viciado não é um fenômeno isolado e o problema dos viciados não diz respeito apenas a eles mesmos e suas famílias, mas à humanidade inteira.

Nossa cultura é, ainda, pródiga em mensagens contraditórias sobre os vícios. O *status* dentro de nossa cultura depende de o vício que se tem ser considerado ou não como "normal". Muitos têm múltiplos vícios — bebida, cigarros, açúcar, droga medicamentosa... Somos uma cultura que aprova o excesso. Se alguém é viciado em acumular dinheiro e bens, esse alguém é sucesso. Se alguém pode ter sempre mais — mais dinheiro, mais sexo, mais comida, mais cocaína — que os demais, essa é uma pessoa invejada, "um cara que sabe viver". Já ser viciado em álcool ou drogas, dentro dos padrões de nossa sociedade, faz da pessoa um fracassado.

Muitos, ingenuamente, afirmam que "é viciado quem quer". A Medicina tem pesquisado as causas dos vícios, buscado antídotos mas nem consegue saber o "porquê" de alguém se viciar, nem consegue a cura. A Psicanálise, por sua vez, explica o mecanismo da compulsão, mas também não consegue a cura; como bem colocava o psicanalista Eduardo Mascarenhas: "vai-se tornar um bêbado psicanalisado, porém bêbado". Ou drogado, ou fumante, ou obeso, ou viciado em tranqüilizantes...

A "viagem" provocada pelas drogas se tornou a fuga de toda uma condição (social) patológica. E a presença das drogas se faz em todos os locais, em todas as camadas sociais, unindo pessoas consideradas de camada "marginal" com as da faixa "produtiva" da nossa sociedade.

Como resultado da penetração das substâncias viciantes em todas as camadas sociais, no mundo como um todo, milhões de pessoas enfrentam dificuldades e preconceitos para vencer vícios. Esse número aumenta dramaticamente se forem considerados os familiares que, direta ou indiretamente, sofrem as conseqüências deles.

A Organização Mundial de Saúde (OMS) considera o alcoolismo a terceira doença que mais mata em todo o mundo. Alcoolismo e drogas são responsáveis por mais da metade dos acidentes de trânsito e de trabalho e pelos altos índices de violência nas cidades.

O problema dos vícios há muito que ultrapassou a fronteira da tragédia pessoal para se tornar um problema social. A catástrofe que, em geral, acontece à renda familiar é a mais visível das conseqüências, mas pode ser considerada a menor delas se comparada aos efeitos psicológicos e espirituais que atingem os membros das famílias dos viciados e que se prolongam por todas as suas vidas.

Ninguém sabe ao certo a origem do processo compulsivo que leva ao vício. Porém, temos de considerar as contribuições dadas a este fato pelas condições desumanizadoras de nossa cultura. A grande maioria das substâncias viciantes é proibida e isto parece trabalhar no sentido de torná-las mais atraentes para os jovens, que, ao fim, são suas maiores vítimas. O jovem tem uma profunda necessidade de novas experiências e, ao defender o direito de "viver a própria vida e buscar as experiências que desejam", mergulha fundo nas drogas.

A cultura do século XX é uma "cultura tóxica". Moldamo-nos a ela e não sabemos quem, realmente, somos. Tornamo-nos apenas parte da grande massa humana, uma pequena peça na imensa engrenagem da força de trabalho e de manutenção do *status quo*. Para a maioria das pessoas, o trabalho jamais teve um valor além da precária garantia de sobrevivência, não conferindo sentimento de autovalor algum, obstaculizando a realização plena. Além disso, desde a mais remota antigüidade, o vício é estimulado para manter quieta a grande massa dos infelizes.

Outra das grandes razões para a atual epidemia de vícios é que a maioria de nós perdeu a conexão espiritual. Somos, hoje em dia, mecânicos, racionais, ocupados demais... E muito assustados para gastar tempo nos ligando espiritualmente. Para grande parte das pessoas, as igrejas e religiões oficiais não têm respostas às necessidades dessa conexão interior. Ao temermos nossa visão interior da realidade maior, perdemos o contato com os elevados propósitos de vida... E se viciar é uma forma de tentar preencher o vazio que se segue.

OS VÍCIOS NO CONTEXTO PSICOLÓGICO

Muito já se estudou e se escreveu sobre os aspectos psicológicos do vício e do viciado. Esses aspectos são múltiplos e não se pretende aqui esgotá-los ou sequer dar uma nova abordagem. O que se pretende é abordar alguns aspectos psicológicos que podem ser tratados, em sua origem, pelo processo do RE-ABRIR O CORAÇÃO.

Nos últimos tempos, os conceitos de Criança Interior, Criança Divina ou Consciência da Totalidade vêm sendo incorporado à literatura especializada e se verifica uma tendência a uma abordagem psicoespiritual, onde aquela parte de nós que é energética, criativa e plena, aquilo que realmente somos — Espírito — é considerada. Quando essa parte de nós não pode se expressar, geram-se problemas que tornam as pessoas doentes e infelizes.

As Sementes do Vício

Os vícios são gerados por um comportamento compulsivo, porém, não se sabe como e quando esse processo se inicia.

A dependência se instala quando a pessoa não consegue parar e não sabe dizer "não", seja à substância viciante seja a um comportamento abusivo. Essa é uma questão básica do viciado — a ausência do conhecimento de seus limites.

Quando alguém começa a usar uma substância viciante, pretende — inconscientemente — controlá-la. Por suas características essas substâncias são, todas, incontroláveis e o limite de tolerância a elas é algo profundamente individual. Embora esse trabalho enfoque precipuamente o vício derivado do abuso de substâncias, nem podemos nem devemos esquecer, como já disse, comportamentos viciosos — trabalhar demais, jogar, comprar em excesso, ver TV, fazer sexo, jogar no computador e, mais recentemente, navegar na Internet.

Essa ausência de conhecimento de limites ocorre porque o comportamento vicioso e a dependência pertencem ao domínio do *corpo mental* e dos sistemas de crenças e de identidade nele registrados. No viciado, o conteúdo desses registros é o de ser alguém sem valor, o que leva ao desenvolvimento de sentimentos negativos sobre si próprio. As sementes dessas crenças são colocadas no contexto das relações afetivas significativas, antes que a consciência possa distinguir "certo" e "errado". Algumas dessas sementes são as mensagens negativas emitidas por pessoas de quem se depende, em quem se acredita e a quem se é vulnerável, que são internalizadas e incorporadas ao comportamento. Outras sementes são lançadas pelas regras negativas que impedem a expressão salutar e necessária da dor e de outros sentimentos. Nesse grupo, a lista é extremamente ampla e é necessário salientar que o problema é a interpretação subjetiva que a criança faz disto. Se, por exemplo, um adulto grita ao ver a possibilidade de um bebê de dois anos meter o dedinho numa tomada e levar um choque, um outro adulto presente interpretará o fato como algo positivo mas, para a criança, isto pode ser internalizado como profunda frustração pela oposição feita a sua vontade e desejo.

Expressões como — e só para citar algumas — "Você é mau", "Você me envergonha", "Você nunca vai ser nada na vida", "Você dará um bom carroceiro", "Se ao menos você fosse... (melhor/diferente)" podem se tornar internalizadas como mensagens negativas, e expressões como "Não chore!", "Engula o choro!", "Cale a boca, não pedi a sua opinião!", "Você não deveria sentir isto (raiva, tristeza, dor)!" podem se tornar *mandatos* determinantes de comportamentos na vida adulta porque vão ser internalizados no plano mental como *crenças*. A isso se somam atitudes de manipulação, gozação, de não levar a criança e suas necessidades a sério, espancamento etc.

Esse comportamento dos pais foi aprendido por eles no contexto dos lares de onde vieram e da sociedade que freqüentaram ou freqüentam.

No plano mental fica a interpretação subjetiva de que se é ruim, mau, e que não se pode ou deve falar disto, daí sendo gerados os sentimentos de medo, de culpa, de vergonha e as dificuldades de confiar nos outros, em especial, nas figuras de autoridade. O desenvolvimento do comportamento compulsivo parece ser, então, a forma de aliviar a tensão gerada pelas emoções suprimidas e pela crença de que se é ruim e defeituoso. Por ser destrutivo, o comportamento compulsivo resulta em mais culpa, em mais vergonha, em mais baixa auto-estima. A espiral se torna incessantemente crescente porque, a certa altura, o viciado percebe — mesmo que não conscientemente — que está ficando fora de controle e, numa tentativa de compensação, busca ainda mais substância viciante para obter controle. É nessa escalada que se vão somando vícios — o fumante passa a beber ou a usar drogas sintéticas, o usuário da maconha passa a usar cocaína ou *crack*...

Outro aspecto a ser destacado com relação à ausência de limites é que algumas das substâncias viciantes são proibidas e seu uso e comercialização definidos como crime (no Brasil, os crimes de tráfico de drogas como maconha, cocaína, heroína são de alçada da Justiça Federal e são considerados "inafiançáveis"). A questão dessa proibição é que as leis visam a proteger a sociedade dos "excessos" e as leis são feitas para estabelecer limites. No viciado, essa questão de limites é fundamental e, na prática, seu comportamento com relação às substâncias viciantes espelha o "se algo é bom, muito mais é melhor ainda", o que é parte do sistema de crenças de uma sociedade.

As essências florais propostas como "ferramentas de poder" no processo do RE-ABRIR O CORAÇÃO são fundamentadas em princípios alquímicos (todo floral é alquímico em sua essência!) assim, na terapia com as essências florais, essa questão de limites é confrontada. Enquanto para o viciado "muito mais é melhor" no floral "pouco é efetivo". Os primeiros efeitos das essências abrem caminho para a mudança de crenças quanto a limites, porque quantidades microscópicas das essências são usadas com efeitos fantásticos e potentes.

As Manifestações do Comportamento Compulsivo

O desenvolvimento do comportamento compulsivo é uma forma de tentar manter o poder pessoal e ficar no controle.

Em decorrência do sistema de crenças e do nascimento do comportamento compulsivo, ele começa a se manifestar na vida em paralelo, ou antecedendo o uso de substâncias viciantes, em forma de:

- narcisismo — isto implica na busca permanente de perfeição em si e no que se faz e no direcionamento de suas energias para aquisição de sempre mais — mais dinheiro, mais poder, mais beleza, mais títulos universitários — e de ter sempre ao redor outras pessoas para admirá-lo em suas conquistas;
- paranóia — isto vai se manifestar como permanente vigilância e expectativa de traição e a humilhação decorrente de uma sensação que reforça seu sentimento de ser "um ser mau e sem esperanças";
- sadismo — isto vai-se manifestar através de ações de maus-tratos físicos e humilhações infligidos aos outros, e

- vício em sexo — isto é algo de que se fala muito pouco, mas suas manifestações são extremamente freqüentes e ocorrem como — voyeurismo, exibicionismo, fetichismo, telefonemas pornográficos (agora, abertamente anunciados em nossas televisões!), prostituição, multiplicidade de parceiros num mesmo momento (sexo grupal), masturbação compulsiva (com ou sem pornografia visual) e num nível mais profundo — como abuso sexual ou estupro.

A Culpa e a Vergonha

As crenças geradoras das compulsões estão centradas na vergonha que é muito comumente confundida com a culpa, embora haja diferenças significativas entre elas.

A culpa é um sentimento de dor ou de desconforto relacionado ao fazer/não fazer algo e que contraria nossos valores — violar uma lei ou um acordo, não pagar as contas, não dizer a verdade... Esse sentimento é útil e construtivo e ajuda a resolver conflitos e dificuldades, a corrigir erros e a melhorar os relacionamentos. Tal sentimento de culpa pode ser resolvido com um pedido de desculpas ou de perdão, com o pagamento da dívida... Mas há culpas que se exacerbam e se tornam doentias. A estas, algumas correntes chamam de "culpas tóxicas", que são incapacitantes porque não foram trabalhadas e liberadas. No viciado essas culpas podem dizer respeito a:

- responsabilidades — a responsabilidade pela família ou por qualquer outro valor se torna maior do que a responsabilidade para consigo próprio;
- sobrevivência — a pessoa pode se sentir culpada e sem valor por sobreviver, enquanto outros da família estão em dificuldades; culpada pelo sucesso, onde outros familiares fracassaram (e isso pode gerar comportamentos sa-

botadores inconscientes, levando à perda de posição, de dinheiro e bens e gerando mais culpa, alimentando, assim, a espiral!).

- essas culpas doentias não são resolvidas com um simples pedido de desculpas. Elas precisam ser trabalhadas no contexto de um processo psicoterapêutico. As essências florais e o REIKI podem ajudar a trazê-las à consciência, mas é importante o apoio profissional do psicólogo nesse momento, porque há muita dor envolvida no processo e muito material que, dificilmente, pode ser elaborado sozinho.

Enquanto a *culpa* diz respeito ao fazer/não fazer, a *vergonha* diz respeito ao SER e é isto que leva alguém a acreditar que é defeituoso, mau, incompleto, inadequado ou fracassado.

Se a culpa é desculpável ou perdoável, para a vergonha parece não haver saída. E mais: a vergonha é universal. Todos têm vergonha! E, além do sentimento que ela traz em si, há ainda a crença de que os outros o olham e, através de sua fachada, percebem seus "defeitos". Isto leva ao uso de máscaras, a mais controle e à busca de... mais substâncias viciantes.

A vergonha leva ao desamparo e ao isolamento pela crença de que, não importa o que se faça, nada se fará de correto e, desta forma, a pessoa vai se tornando mais isolada e solitária por achar que é "a única" no mundo a ser "assim"! Ela se isola por medo que os outros a percebam sob a máscara e também como uma forma de fazer de conta que a vergonha não existe, numa atitude de negação maníaca.

Comportamentos familiares que geram essa vergonha são, em geral:

- o controle — das situações, das pessoas e dos sentimentos, porque é uma forma de assegurar que ninguém o vai fazer sentir vergonha;
- o perfeccionismo — em tudo; não cometer erros. A pessoa passa a considerar que vale pelo que faz e não pelo que é;

- mascaramento — não falar dos sentimentos ou das necessidades; e
- negação — das cinco liberdades fundamentais do ser humano: perceber, pensar e interpretar, sentir, querer e escolher e imaginar.

Como resultados anteriores ou paralelos ao abuso de substâncias viciantes pode-se, em conseqüência do controle, do perfeccionismo, do mascaramento, da negação, além da vergonha, ter o desenvolvimento das chamadas doenças do estresse, uma piora do comportamento compulsivo e uma deterioração progressiva dos relacionamentos íntimos que vão gerar infelicidade crônica e uma nova escalada na espiral compulsiva.

A Projeção da Vergonha

Outra atitude comum é a de projetar a vergonha nos outros ou assumir sentimentos e ações que a mascaram como, entre outros:

- raiva;
- ressentimento;
- ataque/agressividade;
- controle;
- perfeccionismo;
- negligência consigo;
- abandono;
- distanciamento dos outros; e
- comportamento compulsivo com relação a substâncias viciantes.

A menos que a vergonha seja admitida, experienciada e compartilhada com pessoas adequadas e apoiadoras, ela não será dissolvida.

A Auto-Estima

No dependente de qualquer substância viciante — ou em pessoas que apresentam comportamento compulsivo — a questão da auto-estima é crucial.

Em nome da disciplina, os adultos tratam as crianças com críticas destrutivas, de modo que as envergonham. Essa baixa auto-estima pode se transformar em auto-ódio e é comum se encontrar esse sentimento em:

- adultos que são filhos de viciados;
- adultos que sofreram abuso físico ou sexual; e
- adultos que foram criados em lares disfuncionais.

A expressão "lares disfuncionais" designa, em geral, na literatura especializada, os lares onde:

- os pais são divorciados;
- os pais são viciados;
- os pais sofrem de doenças crônicas;
- há pais que cometem abuso físico/sexual; e
- há negligência com as necessidades infantis (materiais ou emocionais), e arbitrariedade, maus-tratos, negação de sentimentos, não permissão para sentir e expressar sentimentos, rigidez (inclusive em questões de moral e religião), inconsistência (promessas feitas e não mantidas, orientação para crises (comportamento agressivo, comportamento depressivo...).

Outro fator que contribui para a baixa auto-estima é a mídia, porque ela propõe "modelos perfeitos" de saúde, de beleza, de sucesso e de riqueza não atingíveis pela grande maioria. E mesmo que se atinja alguns desses padrões, não se atingirá a todos.

As mulheres parecem ser as maiores vítimas da mídia, porque o "modelo" proposto diz que precisam ser profissionais competentes e com uma carreira brilhante, precisam manter seu lar impecavelmente organizado, serem cozinheiras maravilhosas, mães "iluminadas", anfitriãs perfeitas e companheiras compreensivas, incansáveis, sexualmente atraentes — e competentes! — e manter o vigor dos vinte anos!

Mas os homens também não escapam aos modelos e, no caso, as pressões são para terem carreira bem-sucedida, vigor atlético, cultura, traquejo social e um desempenho sexual perfeito, permanente e... variado.

Esses padrões subliminarmente estabelecidos pela mídia são inatingíveis e geram frustrações.

Quando a auto-estima está em baixa, a pessoa não consegue acreditar em suas capacidades, talentos e habilidades e não faz por onde desenvolvê-los. É muito sutil o limiar entre a baixa autoestima e o auto-ódio, mas ocorre ultrapassá-lo quando as pessoas se sentem mal com relação a si próprias, permitindo que os outros lhes tratem mal. Esta é a razão pela qual as pessoas permanecem em relacionamentos frustrantes e abusivos. Elas podem se supercompensar, tratando mal aos outros, e o ciclo se alterna entre dar-receber maus-tratos.

Muitos desses sentimentos que geram maus-tratos são mascarados. A raiva é uma emoção primária de defesa do ego e ocorre, em todos, quando há compressão energética por frustração, humilhação ou escravidão. Ela é uma das principais causadoras do desequilíbrio energético e pode ser suprimida ou voltada contra si próprio, está ligada à auto-importância (estou certo!). E, se não for resolvida, pode levar à arrogância, ao ressentimento e à inveja.

A raiva serve aos viciados para:

- manter os outros distantes; e
- transferir a vergonha para os outros (projeção).

A raiva é um dos sentimentos que mais se disfarça e é necessário estar atento às suas nuanças:

- amargura;
- autodestruição;
- crueldade;
- descontentamento;
- desdém;
- desesperança;
- discórdias sem motivos;
- espírito crítico;
- fantasias agressivas;
- hostilidade;
- impaciência;
- malevolência;
- prazer em se vingar;
- remoer pensamentos (diálogos internos torturantes, pensamentos repetitivos, tipo "disco arranhado");
- resmungos;
- sarcasmo; e
- vitimismo.

O disfarce menos reconhecido da raiva é a *inveja*. A inveja pode ser definida como o desconforto pela excelência, sucesso ou "sorte" do outro e é sempre acompanhada de uma expressão verbal de menosprezo ou de depreciação.

Outra emoção básica a ser tratada no viciado é o *medo*, uma outra emoção que também se apresenta de forma multifacetada. Talvez seu maior disfarce seja a arrogância, que é o exagero da auto-importância e que aparece quando a pessoa se sente inferior em poder, conhecimento ou experiência. Como a vergonha se instala em decorrência da crença de se ser mau, defeituoso, o poder pessoal é profundamente afetado.

A ausência de crença em seu poder pessoal torna todo viciado uma pessoa centrada no medo. Alguns desses medos são identificáveis, mas a maioria é inconsciente, e são esses os construtos que dominam o comportamento da pessoa. Pessoas com muitos vícios são pessoas com muitos medos.

As Mudanças do Sistema de Crenças

Afirmamos que o viciado estabelece, no plano mental, um sistema de crenças de desvalorização que o mantém escravizado. Esse sistema é traumático, doloroso, e traz resultados danosos à vida física, emocional, mental e espiritual.

Nenhuma mudança permanente ocorre, a menos que a pessoa a tenha criado em sua mente e a integrado em seu coração. A dor pode ser liberada somente através do reconhecimento de sua presença e, para liberá-la, é preciso descobrir a própria fonte de poder — o Espírito — e passar a se centrar a partir dele.

Os sentimentos de medo são indicadores dessa separação do Espírito. Em inglês as palavras *holly* (sagrado) e *hole* (inteiro) têm a mesma raiz. Curar é "tornar inteiro", isto é, "tornar-se Um com o Todo".

No RE-ABRIR O CORAÇÃO encaramos o processo de cura como tendo os seguintes objetivos:

1. Reequilibrar a energia e harmonizar corpo, mente e Espírito.
2. Restaurar e manter o potencial de autocura.
3. Prover clareza de sentimentos e possibilidade de sua expressão de modo saudável.
4. Direcionar o foco da pessoa, de modo a que ela compreenda que é a responsável por suas desarmonias, sem que isto implique em desenvolvimento de mais culpa.
5. Estabelecer um processo que possibilite a identificação, o registro e a colaboração com o propósito de Vida, de modo a serem eliminados os padrões de pensamentos e ação autodestrutivos.
6. Desenvolver a capacidade de amor incondicional.

Esses, aliás, me parecem ser os objetivos que devem nortear todo o processo terapêutico e consideramos absolutamente fundamental a interação de profissionais de diversas áreas nesses processos.

Por conta dos aspectos sociais, muitas substâncias viciantes são abertamente usadas e aceitas. Há pessoas que levam anos em processos terapêuticos, sem que a questão básica de seus vícios seja levantada. Este trabalho é a exposição de um *processo de tratamento* e, também, um convite a que psicólogos, médicos e outros profissionais da área da saúde passem a olhar por outro ângulo, e com outros olhos, a questão dos vícios.

Discussões sobre vícios tendem a polarizar opiniões. Essa não é nossa intenção. O que se pretende é fazer uma integração de profissionais, atuando no sentido de facilitar a cura das pessoas viciadas. É bom não esquecer que "escravidão" e "vício" são a mesma coisa.

A Codependência

Ao longo desse trabalho a palavra "codependência" é usada inúmeras vezes, significando filhos ou cônjuges/companheiros de pessoas dependentes. O termo começou a aparecer na literatura lá pelos anos 80, a partir da expressão "co-alcoólico", usada por grupos de auto-ajuda. Literalmente, codependente significa "parceiro na dependência". O assunto vem sendo exaustivamente tratado, porque filhos e cônjuges constituem uma família e, portanto, famílias inteiras são codependentes.

Há inúmeras outras definições para codependente, mas aquela que me parece mais sintética é que dá o codependente como um "tomador de conta". Ele toma conta do dependente, isto é, tenta controlar o dependente. Na realidade, a codependência é uma sufocação do Ser Real e é uma disfunção, porque o codependente passa a focalizar mais as necessidades dos outros que as suas próprias. Na espiral do processo pode vir a se tornar também um dependente. Há estatísticas mostrando que mulheres de alcoólatras (codependentes) desenvolvem vícios relacionados à comida e filhos de alcoólatras se viciam em álcool ou em açúcar. A nível físico, álcool e açúcar compartilham do mesmo processo metabólico.

A codependência pode também gerar doença mental crônica, sentimento de inadequação, rigidez extrema, perfeccionismo e abuso (de adultos ou de crianças) nos planos físico, emocional, mental e espiritual.

O desenvolvimento da codependência tem basicamente as mesmas características emocionais da dependência e o ciclo inclui:

- Invalidação e repressão das necessidades internas, sentimentos e reações.
- Negligência das necessidades e emoções.
- Negação dos "segredos" familiares.
- Aumento da tolerância à dor emocional com conseqüente inabilidade de lamentar perdas.
- Bloqueio do crescimento emocional, mental e espiritual.
- Desenvolvimento de comportamento compulsivo para reduzir a dor.
- Vergonha progressiva e perda de auto-estima.
- Sentimento de perda de controle e necessidade de mais controle.

Em geral, mesmo adultos dependentes são trazidos ao tratamento por seus familiares. O primeiro contato é quase sempre feito por eles. Na grande maioria dos casos, o problema "é do outro". Uns poucos reconhecem a necessidade que têm de ser tratados. Nos níveis emocional e mental há a necessidade de se tratar os mesmos problemas porque existe muito medo e raiva, e muita vergonha, no codependente. Os bloqueios ao trabalho de trazer à consciência esses sentimentos, emoções e crenças são muitos, mas é necessário que isto seja feito para que eles sejam curados.

Uma forma de trabalhar isto com suavidade dentro do RE-ABRIR O CORAÇÃO, é levar o codependente à iniciação ao REIKI. A necessidade do codependente de estar no controle tem, em geral, a roupagem da "ajuda". Se eles se engajam no processo de "ajudar" a figura parental ou o cônjuge, usando REIKI, a consciência vai-se ampliando, os bloqueios vão sendo dissolvidos e vai emergindo da própria pessoa a necessidade de ser curada.

Emmet Fox — membro eminente das Igrejas do Novo Pensamento — usa a expressão CRIANÇA FERIDA para definir o estado em que há vitimismo, medos, confusão, sentimentos de tédio, de vazio e de infelicidade crônica. Tudo isto impede a manifestação do Ser Real. E quando em contato com os familiares, me parece que Emmet Fox cunhou a expressão a partir dos codependentes. Codependentes são, todos, sobreviventes. Muitas habilidades e defesas do ego são usadas para a pessoa sobreviver. Entre as defesas doentias encontradas estão a intelectualização, a dissociação, o deslocamento, a repressão, o comportamento agressivo, a hipocondria, a grandiosidade, a negação (que pode romper os limites e se tornar psicótica)... Vale tudo para se conseguir sobreviver.

Também para os codependentes há a necessidade de despertar a consciência. O começo do despertar é marcado pela descoberta que "coisas" ou "realidades" não são o que se pensa! E isso precisa ter um marco — às vezes um verdadeiro "rito de passagem" —, algo que sacuda a pessoa, que mexa com seu sistema de crenças, com sua baixa auto-estima, com sua vergonha, com seu medo. Às vezes esse marco é o sentir-se "cansado de sofrer".

O despertar traz confusão, medo, entusiasmo, excitação, tristeza, raiva... Mas isto não alimenta a espiral da codependência. Quando isto acontece a pessoa começa a sentir, começa a enxergar suas necessidades. É nesse ponto também que muitos fogem do tratamento. É mais fácil e confortável se retirar para a situação conhecida, do que ter de enfrentar esse novo Ser em si próprio.

Para aqueles que receberam iniciação ao REIKI, o processo continua lentamente, mesmo que, conscientemente, não se autoapliquem. Devagar, a consciência se amplia e eles vão reconhecer a necessidade de mudança, vão sentindo que estão cada vez mais fortes e capazes para realizá-la.

A necessidade de apoio psicoterapêutico durante o processo do RE-ABRIR O CORAÇÃO e a interação de profissionais se torna crucial, porque, à medida que eles vão sendo tratados no nível mais sutil, os bloqueios representados pelas atitudes mentais negativas, pelas memórias das pessoas e situações que geraram a vergonha, pelas inter-relações da vergonha com os sentimentos, as necessidades, os pensamentos (especialmente os "maus pensamentos") e os *drives* com relação à sexualidade, agressividade, fome, necessidade de intimidade, aconchego, vão emergindo.

OS VÍCIOS NO CONTEXTO ESPIRITUAL

Parte do problema do vício tem relação com o propósito espiritual do indivíduo nesta vida. Todos chegamos à existência com tarefas a cumprir, cuja lembrança não nos é consciente.

Muitos pesquisadores sustentam a crença na existência dessa proposição e experiências sob hipnose com pessoas que não tinham conhecimento de tal teoria, levaram a memórias de vidas passadas; mostrando que, inconscientemente, sabiam de um estado anterior ao nascimento, onde as tarefas, os propósitos ou aspirações eram planejadas antecipadamente.

Todos temos tarefas e propósitos mas, ao que parece, as pessoas que se tornam viciadas escolhem os mais difíceis. Algumas, de fato, encaram o futuro com propósitos tão "diferentes" que a vida por si se torna difícil.

O vício é, então, desenvolvido como uma forma de evitar as tarefas escolhidas e que, agora, parecem difíceis ou impossíveis de realizar. Nesses casos, a conseqüência espiritual não seria ligada ao vício em si, mas àquilo que se está tentando evitar da realização.

Por "visão" nomeio a habilidade de perceber e de participar de uma realidade mais alta e de retê-la na memória profunda do Ser Real, onde estão registradas nossas tarefas e propósitos de vida.

Somos seres com mente, emoção, corpo e Espírito. Nosso "senso de visão" é um dos maiores atributos de nossa mente. Criamos nossa visão de vida quando estamos no plano espiritual — seja antes de nascer, seja em vidas precedentes, seja através dos sonhos ou estados alterados de consciência, em que é fácil se desconectar, porque "visão" e "sonho" são sempre maiores que a realidade percebida por nossa consciência objetiva.

O vício pode começar com o uso de qualquer substância que ajude com a "visão" da tarefa e do propósito de vida e/ou ajude a ter forças para cumpri-la. Isto porque as substâncias viciantes são "ferramentas de poder" — a expressão significando qualquer substância que dê a seu usuário, consciente ou inconscientemente, a expectativa de algo ou a esperança de ter mais força ou poder para realizar algo. No começo seu uso pode ser feito pelo conhecimento intrínseco de que tal substância induz à força e apaga o medo. Expressões populares espelham isto muito bem — fala-se do bêbado ou do viciado em drogas pesadas que está "alto" e se escuta a justificativa de que, numa situação desafiadora, bebe-se para "criar coragem".

O processo viciante tem, em linhas gerais, esse caminho:

- a pessoa está sobrecarregada, distante de sua visão e propósito de vida, sentindo-se inadequada a sua realidade;
- a pessoa começa a usar as "ferramentas de poder", esperando que elas lhe tragam força para manifestar aquilo que, em seu eu mais profundo, "sabe" que deve realizar;
- a substância viciante funciona, em princípio, mas, como toda "ferramenta de poder", se constantemente usada, começa a destruir a energia vital e a gerar dificuldades em vários níveis. As esperanças de manifestação da visão acabam e ocorre uma inversão — a pessoa passa a ficar presa à "ferramenta de poder" que, agora, tem poder sobre ela, um poder que se vai estendendo através dos níveis sutis, até chegar ao nível físico.

Usando as "ferramentas de poder", a pessoa consegue, inicialmente, ver sua "visão" em dimensões ampliadas. O que não consegue é compreender que a manifestação pode não ser tão grande mas que é dessa dimensão que ela pode tirar a fé e a coragem necessárias para realizar a grandeza de seu propósito.

Freqüentemente, o viciado está cheio de medo, não só de tentar medir sua "visão", como também porque seus esforços não correspondem a ela. A inabilidade em aceitar a "visão" está, quase sempre, ligada ao ambiente sócio-familiar de origem e à falta de apoio para crescer e manifestar sua individualidade.

Muitos viciados vêem de famílias disfuncionais — pais separados ou que vivem juntos em desarmonia, pais com doenças crônicas, pais que abusam física e/ou sexualmente deles — ou de famílias onde os pais também eram viciados ou, ainda, de famílias deprimidas, onde o que é bom é desvalorizado, a verdade não é dita às claras e há, sempre presente, uma visão distorcida da vida.

O conceito de "visão" não deve ser tomado literalmente. Conceitualmente, um "visionário" é um "sonhador," mas nem sempre a "visão" é "vista com os olhos". Quem compõe canções não as "vê" mas as "ouve" e quem é bailarino "sente" o movimento do corpo em vez de "se ver" dançando.

Cada ser humano usa sua "visão" de um modo único e apropriado para si. E a capacidade de usá-la, de modo pleno, para se ajudar, é o único caminho para a recuperação do vício que se instalou quando da tentativa de se fugir dessa "visão".

O viciado é, com freqüência, introspectivo, criativo e visionário, e escolheu tarefas de vida difíceis. Em geral, escolheu uma infância desafiadora como um modo de testar e de refinar sua força, mas, na maioria das vezes, tornou-se oprimido e sobrecarregado pelo teste.

Num certo sentido, os viciados são corajosos, embora se olhe para eles como fracos. A despeito da substância viciante ir-lhes reduzindo a energia, muitos ainda pensam em realizar grandes coisas. Apesar do medo que têm de sua visão de vida e do profundo desapontamento quanto a sua realização, não escolhem o suicídio. E há muita coragem no fato de um viciado lutar para manter sua visão num mundo que a nega. Só retomando, conscientemente, sua "visão", ele pode sentir a própria força. E este é um ponto absolutamente crítico do processo de vida — nesse ponto o viciado enxerga não só sua incapacidade de manifestar a própria visão como o que consegue manifestar não corresponde a ela. E isto tanto pode dizer respeito a assuntos da vida profissional como à vida afetiva.

A tendência de se ficar assustado com a tarefa a realizar, e de se sentir inadequado para manifestá-la, é particularmente forte quando se é jovem e se está consciente de uma visão ou de uma tarefa em particular porque, em idade precoce, não se consegue, pela própria inexperiência, enxergar que há muitas visões e muitos caminhos. Um garoto de seis anos que pretenda escrever um romance, se tornará frustrado porque, nessa idade, o que se pode escrever são frases. A criança que "sabe demais" lança as sementes do vício. Mesmo quando a maturidade chega e muda a capacidade de enxergar as coisas, o sentimento de inadequação permanece registrado no inconsciente. O ponto de vista social agrava o problema — nossa sociedade considera que a criança é um "não adulto" e suas "visões" não merecem crédito ou escuta. Não é, portanto, estranho que, nas crianças, se instale o temor da transição da infância para a maturidade numa sociedade que as considera como "sonhadoras" conferindo ao adulto a responsabilidade e o ônus da manifestação.

Pessoas precocemente bem-sucedidas são as que conseguiram realizar algo no momento exato em que a sociedade precisava. Para elas, realizada a tarefa, fica a falta de "senso de propósito" e o medo de nada mais encontrar para realizar. Ocorre que, uma vez concluída uma manifestação, a sociedade quer mais, muito mais e mais ainda... A pessoa fica sob tremenda pressão e, se não corresponde à exigência, se arrisca a ser rotulado de "ex", com todo o peso de atribuição de fracasso que a partícula carrega.

Pessoas bem-sucedidas podem se viciar pela "ajuda" que a droga dá, primariamente, para maiores realizações, para a manutenção do "bem-sucedido". Outro não é o caso das pessoas rotuladas de "visionárias", cuja tarefa de vida relaciona-se a alguma necessidade ou condição social. Do ponto de vista carmático, vieram plantar sementes para a visão dos outros ou começar ações que serão desenvolvidas no futuro. É tremendamente difícil e solitário se estar à frente do tempo em que se vive. E, então, buscar o vício é um escape para a solidão e para a tremenda frustração de não se conseguir manifestar a visão no aqui e agora.

Outro caso, ainda, é o de homo e bissexuais, que sofrem uma tremenda pressão por parte de uma sociedade que estabelece tipos de papéis exclusivos para "homens" e "mulheres" e que coloca como inapropriada qualquer manifestação, por uma pessoa, de algum aspecto característico do sexo oposto. Negado e suprimido, esse aspecto se torna a razão do vício, parecendo, então, "vir de fora" e não fazer parte da pessoa.

Não se pode falar de vícios, num contexto espiritual, sem uma abordagem sobre o carma e os padrões de vidas passadas. Olhar esses aspectos é ter facilitada a compreensão dos "porquês" dos vícios.

Uma das teorias sobre a reencarnação é de que seu propósito é o de prover a Alma com a totalidade da experiência de que ela necessita enquanto no plano humano, terrestre, em diferentes tempos, lugares e circunstâncias. E uma das experiências que a Alma pode vivenciar, em uma ou em muitas vidas, é a condição de viciado. Em alguns casos, o vício não é uma forma de fugir aos propósitos desta encarnação mas, ao contrário, faz parte deles. A experiência pode, por hipótese, ser uma forma de levar a uma melhor compreensão da condição de viciado, para poder ajudar aos outros. É bom lembrar que muitos dos que se recuperam de vícios tornam-se os mais efetivos e entusiásticos curadores de outros viciados.

O processo de conhecer e aprender sobre as vidas passadas pode ser profundamente curativo para o viciado porque lhe permite conhecer o propósito, a longo prazo, de seu vício e contatar com a consciência da imortalidade do Espírito. Isto também pode acabar com o sentimento de isolamento que o viciado sempre tem — e nós todos, também — quando se vê "homem", "mulher", "homossexual", "preto", "branco", "rico", "pobre", levando-o a sentir a unidade com a comunidade humana.

Falar de vidas passadas implica em lidar com o conceito de carma e a noção difundida de que ações/omissões de uma vida levam a conseqüências iguais ou semelhantes em outras. O viciado, em geral, está cheio de auto-ódio e pode usar esse conceito para exacerbar suas culpas. Se alguém atribui seu vício — ou qualquer outro tipo de sofrimento — a uma punição por "pecados" de vidas passadas, o tratamento se torna difícil porque a pessoa acha que "merece". Se, por outro lado, o viciado considerar que, em vista de seu vício atual, irá, no futuro — seja nesta ou em outra vida — receber terríveis castigos, a culpa e o medo irão levá-lo a beber/comer/se drogar cada vez mais para se livrar do medo do futuro. Outra forma de auto-ódio que o viciado usa para distorcer o processo de trabalhar com as vidas passadas é a crença de que foi famoso/rico/poderoso e tentar manter isto em foco para se sentir bem. É bom se ter em mente, sempre, que os escravos e vassalos na verdade foram, em número, muito mais que os senhores e reis!

No curso de muitas encarnações o Ser Real deseja, apenas, que todos experimentemos a Vida de todas as formas, e é bom lembrar que nada é absolutamente "bom" ou "mau".

Outro aspecto que não pode ser deixado de lado quando se fala de carma e de vícios é o da escravidão da dependência. "Escravidão" e vício têm muito em comum. Em inglês, a palavra para viciado é *addict*, que também é uma das formas para escravo. Em português, o substantivo "adicto" não é — não ainda até onde se sabe — dicionarizado neste sentido, só como adjetivo e, mesmo assim, não de forma totalmente similar. Porém, já começa a ser utilizado em textos referentes a vícios e viciados e, em breve, deverá ser mais um anglicismo incorporado à nossa linguagem.

O viciado está, efetivamente, "escravizado" a uma "ferramenta de poder" e isto pode ser um padrão estabelecido ao longo de vidas passadas em escravidão, em dependência. A diferença é que, na escravidão humana, escravo e amo são diferentes. Quando se é viciado, escravo e amo são um só.

OS VÁRIOS CAMINHOS E OS PRINCÍPIOS PARA A CURA ESPIRITUAL

Em geral, quando um viciado procura tratamento energético, está buscando isto como a "última instância". Muito possivelmente já fez terapias, esteve com médicos, pertenceu a grupos de ajuda... E a ajuda que recebeu não foi bastante para livrá-lo da dependência. Não que esses sistemas não funcionem. O problema é que, sem que a dimensão espiritual seja considerada, não há como se ter uma recuperação completa e uma certeza de não-retorno ao vício.

Para se ser curado no plano espiritual é preciso se abrir ao perdão e ao amor. Não se consegue a cura espiritual permanecendo na negatividade. Necessário se faz colocar de lado a culpa, o ressentimento, a autopunição, a raiva... Não há nada no Universo que seja puramente "bom" ou "mau". A qualificação de "bom" ou "mau" vem do uso que se faz das energias, das coisas e situações e elas podem gerar experiências positivas ou negativas em vários níveis. E isto também é verdadeiro para as substâncias viciantes.

Nos planos mental, emocional e físico os passos para a cura são diferentes. Na cura espiritual o primeiro passo é a pessoa se abrir à gratidão, e ao perdão de si e dos outros. Gratidão e perdão, inclusive, à parte de si que procurou a "ferramenta de poder" para tentar mudar a vida e, enfim, entender que isto aconteceu com um propósito. É preciso também se abrir à compreensão de que todas as experiências do ser humano são válidas quando encaradas ou transmutadas em caminhos de crescimento.

OS EFEITOS DAS SUBSTÂNCIAS VICIANTES NA ENERGÉTICA SUTIL

O fluxo vertical de energia sutil nas pessoas não atingidas por vícios — ou por outros danos — flui dos *chakras* inferiores para o *chakra* cardíaco e, daí, para os outros centros chamados superiores.

As substâncias viciantes quebram o fluxo de energia através dos *chakras*, ao longo da coluna. Cada uma das substâncias viciantes tem afinidade com um dos *chakra*s e este é o primeiro a ser afetado no caso de abuso no consumo. Em geral, as substâncias viciantes mais pesadas — como a heroína e os barbitúricos — têm afinidade com os centros energéticos inferiores, mas todo o fluxo de energia é danificado. Mas, com o passar do tempo, um determinado vício pode danificar todos os *chakras*. É como se houvesse um "efeito de espalhamento" — o bloqueio de um *chakra* resulta em dano aos outros.

O que ocorre na energética sutil é, em linhas gerais, o seguinte

***Chakra* cardíaco** — O primeiro *chakra* a se tornar disfuncional no viciado é o cardíaco. Quando se danifica, ele se torna como um magneto — algo que "puxa" a energia — de modo que os viciados drenam a energia das pessoas que lhes são próximas. Este é um fator que, a médio e a longo prazos, distorce seus relacionamentos — num nível subliminar, o viciado "sabe" que, se jogar com a simpatia, o outro volta seu coração para ele e, daí, ele poderá obter mais energia. Com o *chakra* cardíaco disfuncional, o coração se congela, os relacionamentos se desgastam ou acabam e a pessoa vai-se sentindo isolada e, aí, passa a usar quantidades ainda maiores de substâncias viciantes na tentativa de parar com a dor de se sentir excluída, de "não pertencer". O viciado se sente pesado e não amado, num nível profundo, e a tradução do que lhe ocorre é "deve haver algo errado comigo porque ninguém gosta de mim".

***Chakra* do timo** — Danificado o *chakra cardíaco*, o timo — um pequeno *chakra* que, em geral, não está ativo — fica totalmente paralisado com impacto subseqüente, ao nível físico, no sistema imunológico.

Plexo solar — O plexo solar é o *chakra* seguinte no processo de bloqueio por substâncias viciantes e isto traz reflexos no auto-centramento e na auto-estima. Nesse ponto, o viciado passa a sofrer a agonia do auto-ódio. Assim, procurando preencher o vazio que se segue ao dano conjunto dos plexos cardíaco e solar, ele sai em busca de possibilidades que variam desde uma maior utilização de substâncias viciantes, a mais relacionamentos dependentes ou, mesmo, à busca de "realização material".

***Chakra* sexual** — Danificado o plexo solar, o *chakra sexual* também é bloqueado. Nesse nível se manifestam disfunções que vão dos problemas de liberação da energia sexual — impotência, ausência de orgasmo — até ao da energia sexual se tornar a única expressão energética e passar a receber toda a atenção. Todos os *chakras* são criados iguais e o sexual é apenas um deles. Seu equilíbrio é tão importante quanto o de qualquer outro, mas, no nível do social, é o mais enfatizado, e basta que se preste atenção à música, às conversas, às Artes e às propagandas. Dar ênfase excessiva ao sexo é uma forma de reparar a auto-estima.

***Chakra* da garganta** — Quando o *chakra da garganta* fica danificado a pessoa deixa de falar de seus sentimentos e vai-se desligando deles. O efeito se faz sentir no *chakra básico*, cuja energia diz respeito à sobrevivência, à autoproteção e ao aterramento (*grounding*). As pessoas se tornam preocupadas com o passado e inseguras quanto ao futuro. Os medos, conectados a um *chakra* em particular, podem ter a ver com a escolha do tipo de vício. Pessoas com muitos vícios têm muito medo.

***Chakra* frontal** — Também chamado de *chakra do 3º olho*, é o da criatividade, do sonho e da consciência de outros mundos e dimensões — a fonte das habilidades psíquicas. Ele é o *locus* da Mente, o Mestre Interior, o portal para o caminho espiritual.

***Chakra* da coroa** — No topo da cabeça — a coroa — é o ponto de contato com o Ser Real, a fonte da consciência cósmica. Tanto o *chakra da coroa* como o *da testa* podem ser afetados pelas substâncias viciantes e podem ser reparados através de processos vibracionais.

As substâncias viciantes e os *chakras* que afetam estão consignadas em quadro ao final do capítulo, mas alguns comentários sobre o modo como cada uma delas afeta a energética sutil são importantes.

Álcool — De todas as substâncias viciantes o álcool parece ser a que mais tem afinidade com o *chakra cardíaco* e maior conexão com os *chakras* inferiores. Em função disto, o alcoolismo traz danos à auto-estima, à auto-segurança e à sexualidade. O alcoólatra tende a uma progressiva absorção em si próprio e isto traz problemas para quem convive com ele. Por assumir uma atitude amarga e ressentida, ele vai, pouco a pouco, se retirando do mundo. Os problemas com a sexualidade — que vão da impotência à promiscuidade —, os severos ataques de ansiedade e os terrores — que podem ir desde o horror de atender a um simples telefonema até as fobias graves —, podem ser perfeitamente compreendidos à luz da energética sutil. O álcool tem muito a ver com poder (plexo solar) e tanto se encontram alcoólatras entre os que têm poder como entre os que se sentem privados dele. Nossa cultura associa "poder" — em todos os níveis — com "homem de verdade" e poderia ser chamada de "cultura do plexo solar".

Açúcar — O açúcar *não é* considerado em parte alguma como droga e os viciados em açúcar negam fortemente a sua dependência não só pelo apoio do social como pelo fato de que, com o abuso, o *chakra* mais danificado é o do plexo solar. A necessidade primária para o viciado em açúcar é amor. A confusão se estabelece porque o açúcar eleva o fluxo sangüíneo do coração, o que dá a sensação de nutrição ao nível emocional. Embora nossa cultura dispense as manifestações afetivas, num nível subliminar, a conexão açúcar/afeto está popularmente estabelecida em expressões do tipo "meu doce", "doçura"(e, na música popular, Chico Buarque de Hollanda fala em "com açúcar e com afeto" mostrando o quanto é forte essa conexão).

O vício do açúcar, no plano físico, pode danificar o pâncreas e o fígado, além do coração. Quando o pâncreas é atingido podem surgir problemas com a glicemia e, em conseqüência, altos e baixos emocionais. É importante lembrar que, metabolicamente, álcool e açúcar são semelhantes e conservam estas semelhanças nos danos ao corpo físico.

Outra conseqüência imediata do abuso do açúcar é o excesso de peso que, fora conseqüências físicas, tem profundas implicações sociais num mundo onde permanecer jovem, magro e bem-sucedido é a tônica.

Com o aumento de peso e o aparecimento da obesidade um outro ciclo vicioso se abre e tem relação com o *chakra básico* — desarmonias neste *chakra* tendem a predispor a aumento de peso e o excesso de peso contribui para danificar esse *chakra*. O viciado em açúcar passa então a sofrer de auto-ódio e danifica o plexo solar.

Os adoçantes artificiais estão em perfeito acordo com a propaganda e a atitude social do "coma tudo e permaneça magro". E como há uma desesperada falta de amor em nosso mundo eles são mais e mais consumidos dentro do pressuposto de que comer açúcar engorda, e gordos não são amados.

Nicotina — A nicotina afeta os *chakras* básico e sexual, o plexo solar, o *chakra* da garganta, o da testa e o cardíaco. O tabaco permite o entrelaçamento entre as energias dos:

1. *chakra* básico e *chakra* da testa;
2. *chakra* básico e *chakra* da garganta;
3. *chakra* básico e plexo solar.

É por conta desse entrelaçamento que o viciado acende um cigarro para se sentir mais enraizado (*chakra* básico), mais autocentrado (plexo solar) e mais criativo (*chakra* da testa) e para se comunicar melhor (*chakra* da garganta). O tabaco leva, porém, à comunicação através do plexo solar (poder pessoal) e termina por produzir uma comunicação e uma atitude egoísta e pouco sensível.

Cafeína — Como o álcool e o açúcar, a cafeína também *não* é catalogada como droga. Os viciados em cafeína estão à procura de visão de seu trabalho (*chakra* da testa) seja ele profissional, doméstico ou espiritual.

É importante lembrar que, em geral, a cafeína é automaticamente associada ao café, mas não se deve esquecer que ela existe em chás, no chocolate, no guaraná e nos refrigerantes à base de "cola".

As pessoas que se viciam em cafeína estão desligadas de sua "visão", de seu propósito espiritual com relação ao trabalho (*chakra* da testa), desencantadas com o sistema (plexo solar) e com a remuneração (*chakra* básico).

O verdadeiro viciado em cafeína está constantemente "ligado" e não se permite um momento de paz. Como não atribui sua inquietação, ansiedade, irritabilidade e depressão à cafeína, passa a usar — e também a abusar — de pílulas tranqüilizantes — para se libertar da ansiedade, da irritabilidade e da depressão — de pílulas para dormir — para "desligar" o efeito da cafeína —, do fumo e/ou álcool — que, no início, são só uma ou duas doses para "ajudar a dormir" —, na tentativa de fazer baixar o nível de estimulação orgânica causado pela cafeína.

O *chakra* mais afetado pelo abuso da cafeína é o do *plexo solar*, onde estão as energias do assentamento do ego.

Os problemas de autodúvida e de insegurança relacionadas ao trabalho afetam a energia do plexo solar — o trabalho, pela competição dos dias atuais, exige muito e isto gera dúvidas e inseguranças sobre a própria capacidade.

A cafeína afeta também o *3º olho* e o *chakra básico*. Os antigos usavam poções contendo cafeína para aterrar (dar *grounding*) a visão, ligando entre si o 3º olho, o plexo solar e o *chakra* básico. A reativação desses *chakras* se torna importante no processo de cura do vício da cafeína.

Maconha, haxixe e cogumelos alucinógenos — Pelo fato de levarem à alienação da realidade, o primeiro *chakra* afetado pelo uso de maconha ou de haxixe e mesmo de cogumelos alucinógenos é o *chakra* básico, onde o "estar no mundo e ser consciente" é a tônica. Este *chakra* nos conecta, a todos, com o planeta — e temos isto em comum com os animais — e através de sua energia é que nos sentimos "com base" (*grounding*).

A maconha provoca o que no jargão especializado é chamado de "Síndrome da desmotivação". Isto significa que o viciado vai perdendo a vontade de fazer qualquer coisa e esse se retirar do mundo tem reflexos imediatos no *chakra da testa*. Enquanto o *chakra* básico lida com o binômio "estar desperto/consciente do mundo", o *chakra* do 3º olho lida com o binômio "consciência do sonho/outras realidades".

Fisicamente a maconha, o haxixe e o tabaco afetam fortemente os pulmões, a garganta e o estômago.

Cocaína e heroína — Cocaína e heroína são "ferramentas de poder" para ligar o senso de poder (plexo solar) com o de lugar (*chakra* básico). Os efeitos orgânicos da cocaína e da heroína são similares e, do ponto de vista legal, ambas são enquadradas como narcótico. Há, porém, uma diferença psicológica entre seus usuários — a cocaína parece prometer sofisticação e riqueza, enquanto a heroína abre espaço para a pobreza e o sofrimento.

Anfetaminas e drogas sintéticas — As drogas sintéticas estão em todos os lugares — nos alimentos, nas pílulas para controle de natalidade, para dietas — as anfetaminas —, nos soporíferos, em tranqüilizantes e em vários outros tipos de medicamentos.

As drogas sintéticas têm um efeito sobre a abertura do *chakra* do timo mas, rapidamente, oprimem seu funcionamento com conseqüências físicas no sistema imunológico. A maioria dessas drogas afeta as ondas cerebrais, danifica o *chakra* da coroa e afeta o *chakra da testa* porque ajudam a negar a realidade.

Qualquer que seja a substância viciante, a longo prazo, todos os *chakras* são afetados, o que torna mais terrível o problema do viciado. Os sentimentos que estão na raiz do vício têm que vir à tona para serem tratados e possibilitar a reabertura do *chakra cardíaco*. Como esse *chakra* não se abre espontaneamente — a não ser quando há um despertar espiritual ou acontece um grande amor —, tornar-se abstinente com o coração fechado vai redundar num retorno ao vício porque a pessoa passa a se sentir mais miserável ainda e totalmente isolada do mundo que a cerca.

RELAÇÃO ENTRE SUBSTÂNCIAS VICIANTES E *CHAKRAS*

SUBSTÂNCIA VICIANTE	*CHAKRA* MAIS AFETADO
Açúcar e álcool	Básico e sexual
Anfetaminas	Básico, sexual e cardíaco
Drogas sintéticas	Básico, sexual, coroa e cardíaco
Cafeína	Básico, sexual, plexo solar, testa e cardíaco
Cocaína	Básico, sexual, testa e coroa

Heroína	Básico, sexual e plexo solar
Maconha, haxixe e cogumelos alucinógenos	Básico, sexual, garganta, coroa e cardíaco
Nicotina	Plexo solar, garganta e cardíaco

CLASSIFICAÇÃO DAS SUBSTÂNCIAS VICIANTES

As Drogas e o Sistema Nervoso

Do ponto de vista de atuação no sistema nervoso, as drogas podem ser classificadas em:

1. depressoras;
2. estimulantes;
3. perturbadoras.

Drogas Depressoras

As drogas depressoras diminuem a atividade do sistema nervoso. Em doses moderadas, elas reduzem as dores, a ansiedade e provocam o sono. Em doses muito fortes, podem até provocar a morte.

Os efeitos básicos das drogas depressoras são as alterações de comportamento e a redução dos reflexos e da coordenação motora.

Os usuários das drogas depressoras são pessoas que lutam com os problemas simples da vida cotidiana — relacionamentos, problemas domésticos, doenças... Do ponto de vista psiquico, essas pessoas têm profunda necessidade de mais enraizamento (*grounding*) no corpo e no mundo, e drenam as energias dos *chakras* superiores para os inferiores.

São classificadas como drogas depressoras:

1. o álcool;
2. os soporíferos (barbitúricos);
3. os tranqüilizantes (ansiolíticos e neurolíticos);
4. os narcóticos (ópio e derivados: morfina, codeína e heroína e opiáceos sintéticos: meripidina e metadona).

Drogas Estimulantes

As drogas classificadas como estimulantes excitam as funções neuroniais, provocando euforia, sensação de bem-estar e redução do apetite e do sono.

As drogas estimulantes são consideradas em duas categorias:

Estimulantes menores

- cafeína (encontrada no café, em chás e em muitos medicamentos);
- cola (encontrada nos refrigerantes onde é a base);
- chocolate.

Estimulantes maiores

- anfetaminas;
- drogas emagrecedoras;
- nicotina;
- cocaína.

Os usuários de drogas estimulantes são pessoas que lutam por uma carreira, um trabalho/vocação e as utilizam em busca de energia e de clareza.

Drogas Perturbadoras

As drogas perturbadoras do sistema nervoso têm como efeito a desorganização dos mecanismos cerebrais, provocando desordem na interpretação das percepções sensoriais e nas faculdades intelectuais. As drogas perturbadoras são alucinógenas:

- LSD (dietilamida do ácido lisérgico);
- mescalina;
- psilocibina;
- STP;
- THC;
- DMT/DET;
- PCP (pó de anjo);
- solventes e colas
- *cannabis* (maconha e haxixe)

As Drogas Quanto a sua Natureza

As drogas podem, ainda, ser classificadas quanto a sua natureza em *drogas orgânicas* e *drogas manufaturadas*.

Drogas orgânicas são as derivadas de produtos naturais e que sofrem um mínimo de processamento e de tratamento. Nessa categoria se enquadram:

- maconha;
- haxixe;
- cocaína;
- heroína;
- mescalina.

As drogas manufaturadas são as que passam por processamento químico (álcool, açúcar, tabaco) ou que são produzidas nos laboratórios (drogas sintéticas).

Há mais ou menos duzentos anos, os princípios ativos das plantas e dos minerais foram isolados e reproduzidos quimicamente em laboratórios. Essas drogas sintéticas nos cercam por todos os lados: nos alimentos, nos analgésicos, nos anticoncepcionais, nas pílulas para emagrecer, nos tranqüilizantes, nos soporíferos etc.

Os dependentes de drogas manufaturadas estão, em geral, procurando algo novo, ainda não descoberto, seja no mundo, seja na consciência. Essas drogas impedem as mudanças. O problema é que, quanto mais a pessoa se nega a mudar e mais profundamente nega o direcionamento da Vida, mais fortes terão que ser as drogas usadas. Essas pessoas, subliminarmente, detestam a agitação da vida e lutam pela manutenção da paz.

Outro fator a ser considerado no uso e no abuso das drogas químicas é o fator cultural — vivemos um tempo da gratificação imediata e é mais fácil tomar pílulas para dormir, para acalmar, para emagrecer, para parar a dor, do que fazer o trabalho interior necessário para acabar com tais problemas. A questão é que essas drogas sintéticas lidam com o *sintoma* e não com a *causa*. A raiz do problema permanece e o uso crescente dessas substâncias leva ao abuso sem que seja obtido o que se pretendia — passado o efeito da droga, volta a insônia, o excesso de peso e... mais drogas se fazem necessárias, gerando uma espiral mortal.

O primeiro *chakra* afetado pelas drogas sintéticas é o *chakra do 3º olho* (criatividade e contato com os níveis superiores de consciência). Elas alteram as ondas cerebrais e danificam também o *chakra da coroa*. Danos a este *chakra* podem provocar o atrofiamento do corpo físico e o envelhecimento, e, no plano emocional, coloca o "eu dramático no centro do palco", trazendo uma tendência à autopiedade. O timo — a glândula e o *chakra* — também são negativamente afetados pelas drogas sintéticas, influenciando os processos imunológicos do corpo.

O uso continuado destas drogas termina por afetar todos os corpos sutis, a aura e, com isso, são criados buracos áuricos por onde as energias externas podem se introduzir. O ritmo e o fluxo da energia dos meridianos também é, em conseqüência, prejudicado.

ASPECTOS ESPECÍFICOS DAS SUBSTÂNCIAS VICIANTES

Álcool

O que muitas pessoas não reconhecem é que o álcool **é** uma droga das mais poderosas e destrutivas quando a pessoa atinge a condição de viciado. Muitas pessoas que querem parar com outras drogas se ligam ao álcool, achando que ele é menos danoso. Seu consumo, diferentemente de outras substâncias, é legal, e, se demora a gerar dependência, em contrapartida tem efeitos poderosos nos planos físico, emocional, mental e espiritual. Morre muito mais gente pelos efeitos do álcool do que por qualquer outra droga. E, acima de tudo, o alcoolismo é considerado como um dos quatro maiores problemas de saúde do mundo atual.

O álcool — etanol, ou álcool etílico — é uma *droga depressora*, composta de carbono, hidrogênio e oxigênio, e resulta da fermentação do amido por bactérias microscópicas de diversos produtos vegetais. Ele é encontrado nas cervejas, vinhos e licores e em bebidas fermentadas ou destiladas.

A produção doméstica do vinho começou a cerca de seis mil anos atrás e, por volta de 1500 a.C., já se produzia vinho de uvas e cervejas de fermentação de cereais e malte.

Para se compreender o alcoolismo é necessário se compreender o álcool, e seu propósito na vida, pelas perspectivas emocional e espiritual.

O álcool, em sua forma de vinho na Europa, era usado séculos atrás pelas elites, e a cerveja, pela vassalagem. Ele também fazia parte da vida das comunidades em geral, nos rituais, para alterar as ondas cerebrais e para fazer a ponte para o despertar da "visão interior". O álcool era — e é — uma ferramenta de liberação física, emocional, mental e espiritual. O álcool combina com dança. Combina com o divertimento. Combina com amor. Combina com o sexo. Mas nossa sociedade perdeu a ligação com os ritmos da Natureza e, conseqüentemente, perdeu o conhecimento de como usar o álcool com segurança.

O álcool foi — e é — usado para preservar medicamentos ou mesmo como remédio ou anti-séptico. Ainda hoje, os médicos prescrevem bebidas para cardíacos e para o alívio de tensões. Os produtos fitoterápicos contêm álcool e certas bebidas alcoólicas contêm ervas. O lúpulo — um dos ingredientes da cerveja — é um sedativo natural e além disso, ajuda a digestão. O absinto — encontrado nos vermutes — é antídoto contra a amargura e, além disso, ajuda a soltar os mucos.

É importante lembrar que a sociedade, na Antigüidade, limitava o uso do álcool. Que o vinho e o teatro eram dedicados a Dionísio. O teatro era então uma forma de dizer o indizível. E Platão já afirmava: "No vinho, a verdade", pela liberação emocional que ele provocava.

Bebidas alcoólicas são conhecidas como "espirituosas" — um reconhecimento de suas possibilidades de abertura ao mundo espiritual. Artistas e escritores usam o álcool como "ferramenta de poder" para a inspiração. O hábito atual de se beber em bares pode ser o reflexo da memória racial — registrada no inconsciente coletivo — dos rituais da comunidade onde o álcool estava presente.

No Ocidente o mito poderoso é o do *Graal* — o cálice usado por Jesus na última ceia — que seria fonte de incontáveis bênçãos para quem o resgatasse e utilizasse. Em certo sentido, o alcoólatra tenta resgatar seu próprio *Graal* e é isto que torna este vício tão poderoso — cada um quer encontrar seu *Graal* e suas bênçãos.

O álcool tem efeitos poderosos sobre o *chakra cardíaco*. A mensagem do *Graal* é sobre o abrir o coração — a busca do *Graal* é a busca da cura do coração. (E é bom lembrar que a lenda do *Graal* está intimamente ligada à corte do rei Arthur, onde começou a tradição do amor cortês e base do romance — onde houve uma abertura para a reintrodução da energia do feminino num mundo essencialmente masculino.)

Bebidas fermentadas sempre foram — e ainda são — usadas em todo o mundo para induzir estados alterados de consciência, para os rituais de cura, para comunicação com os espíritos e para dar suporte ao que hoje é chamado de "canalização".

A função do álcool é expandir a consciência para outros níveis, o que o torna uma ferramenta de poder ideal para a solução de problemas. Em nosso cotidiano, quando não conseguimos resolver um problema em dado nível passamos para um outro. Esta é a base inconsciente do princípio de "quem pode o mais, pode o menos". Essa passagem, ao nível de poder seguinte, é encontrada também, em nosso dia-a-dia, na atitude de "vou falar com o chefe", ou mesmo na de "entreguei o assunto a Deus/aos Anjos/ao Santo Fulano". Também o alcoólatra tenta a solução de seus problemas passando a outro nível de consciência.

É importante, porém, lembrar que nossa sociedade "nega" o mundo espiritual. Alguém pode se aventurar nele mas terá problemas no retorno — não há como tornar "concreto" os sentimentos e as visões do mundo espiritual. E justo por exigir que tudo seja "concreto" e "científico" é que nosso mundo perde a conexão espiritual com a visão interior e com os ritmos e ciclos da Terra.

As palavras-chaves para os alcoólatras são: frustração, tristeza e raiva. Esta é uma divisão simplista mas que pode dar um direcionamento para a cura. Todos os seres humanos sofrem com frustração, tristeza e raiva e nem todos se tornam alcoólatras. Os que se voltam para o álcool têm medo do mundo dos sonhos — onde muitos desses sentimentos são processados — que lhes lembrará o propósito de vida.

O tipo de bebida escolhida indica o tipo de problema que o alcoólatra tenta resolver:

Cerveja — A cerveja é a bebida escolhida pelas pessoas com problemas de energia física e com o mundo material. Ela é a bebida mais consumida em praias, eventos, quando se assiste aos esportes e no carnaval. Uma mera observação da atitude dos bebedores pode, facilmente, comprovar isto. Vivemos num mundo onde o uso da energia física é cada vez mais dispensável e isto causa *frustração*.

Vinho — Os bebedores de vinho têm muita energia mental e sua preferência por esta bebida se liga à *tristeza*.

Bebidas fortes — Os bebedores de bebidas "quentes" têm problema de expressão da *raiva*. Metafisicamente, é o fígado que processa a raiva. Usar bebidas fortes é uma forma de transmutar a raiva, de não assumi-la e não reconhecê-la.

O álcool atua em todos os planos da vida e deixa efeitos visíveis:

- alteração da atividade elétrica do sistema límbico (a parte do cérebro que controla as respostas emocionais);
- inibição dos centros de controle que exercem função de censura;
- modificação dos reflexos (que pode ir até a perda total do controle sobre si próprio);
- supressão das barreiras psíquicas, com modificações de comportamento por supressão da censura;
- alterações na química corporal e no processo de nutrição após certo período de uso.

As etapas do processo alcoólico se sucedem, sem uma fronteira fortemente delimitada mas são, basicamente, as seguintes:

1. euforia e excitação;
2. depressão (manifestada como choro, perturbação na fala e problemas na coordenação motora);
3. inconsciência;
4. coma (que pode levar à morte).

Nos planos sutis o álcool também causa problemas graves. O primeiro dos *chakras* afetados é o cardíaco e, daí, a energia dos *chakras* inferiores, que governam a auto-estima (plexo solar) e a sexualidade (*chakra sexual*) e a segurança (*chakra básico*), é afetada, gerando problemas nesses níveis de energia.

Quando um *chakra* está disfuncional, os *chakras* vizinhos — inferiores ou superiores — são também afetados. O alcoólatra, após bloquear o *chakra* cardíaco e os inferiores, bloqueia também os superiores (da garganta e do 3º olho) e o *chakra* do timo (com reflexos no suporte imunológico). O processo é, basicamente, o seguinte:

- com os *chakras* inferiores bloqueados e havendo necessidade de que flua a energia, se abrem os *chakras* da garganta e da testa. Dessa abertura é que resulta a verbosidade do alcoólatra e suas visões de grandeza — ele tem uma tremenda disposição para conversar e sempre com "planos maravilhosos" em curso. (Esta é a razão pela qual na cultura popular estão inseridas expressões como "todo bêbado é rico/poderoso");
- o alcoólatra vai-se absorvendo em si próprio e se retirando do contato com o mundo. A atitude é de amargura e ressentimento. O bloqueio dos *chakras* ligados à sexualidade o levará a dificuldades que vão da promiscuidade à impotência (nos homens) ou à frigidez (nas mulheres);
- os estágios finais são os delírios — períodos de ansiedade irrazoável e de pânico — que se manifestam através de coisas simples.

No que respeita às relações com o poder (plexo solar), há uma variação extrema nos homens — são bebedores os que têm posição de muito poder ou, no outro extremo, os que estão em situação social de privação de acesso ao poder e que, com o álcool, se tornam poderosos e se sentem "homens de verdade". As mulheres bebedoras são aquelas privadas de qualquer acesso ao poder.

Amigos, amantes, filhos e cônjuges do alcoólatra são afetados em todos os níveis pelo bloqueio de seus *chakras*. No nível físico, as pessoas que convivem com alcoólatras (e outros viciados) podem desenvolver vícios menores (como o do abuso do açúcar), na tentativa de repor as energias, constantemente drenadas pelos viciados. Alcoólatras — e viciados outros — vampirizam quem os cerca em função de seus bloqueios de energia, e, por não terem condição de direcioná-la, usam-na para buscar mais substância viciante numa espiral crescente de vampirização e vício.

O álcool provoca tolerância, isto é — há necessidade de doses crescentes a intervalos cada vez mais curtos para que se consiga os mesmos efeitos, assim provocando a dependência psíquica e dependência física. Tanto uma como outra têm níveis e fronteiras, que são particulares a cada pessoa.

No que respeita à dependência psíquica pode se estabelecer três fases:

- a pessoa sente certa necessidade de beber;
- a pessoa se propõe a se embebedar com freqüência;
- o álcool se torna obsessão.

A dependência física se instala quando o organismo não mais funciona sem o uso do álcool — o corpo não suporta a abstinência e, se há privação, o viciado entra em pânico. Nessa fase, começam a aparecer as doenças derivadas do abuso do álcool, como a neuropatia periférica, a cirrose hepática e outras.

Há correntes que definem o alcoolismo como o resultado de uma fraqueza genética que torna a pessoa vulnerável ao álcool mas, até agora, não há uma definição exata de qual seja esta contribuição genética. O fato de que filhos de alcoólatras têm maior tendência para também se tornarem alcoólatras parece fortificar essa corrente. Neste trabalho, consideramos o alcoolismo apenas como resultante do abuso do uso de álcool.

A *Cannabis* — A Fonte da Maconha e do Haxixe

Em seus claustros, os eremitas e sacerdotes de todos os tempos atingiram níveis profundos de consciência, abrindo o acesso à fonte onde muitos puderam beber. Quando a pessoa está com medo de empreender sua jornada interior, as drogas orgânicas podem ajudar — no início, elas dão ao corpo uma sensação aérea e que permite entrar no estado de sonho. Com o abuso, elas anuviam e obscurecem o lugar do sonho e enfraquecem o corpo. As "ferramentas de poder" não são muito mais que chaves de uma porta a que nossa cultura não permite abertura e, num mundo como o nosso, xamãs em potencial seguem usando mais e mais ferramentas de poder para ativar a "visão".

A *cannabis* é uma planta cultivada em várias partes do mundo e que, durante séculos, foi usada para preparar a fibra do cânhamo que serve para fabricar cordas, papéis e tecidos. Suas sementes são usadas como alimentos de pássaros e delas se extrai um óleo usado na fabricação de tintas, vernizes e sabões.

Há muitas espécies de *cannabis*, mas a variedade da qual se extraem as substâncias viciantes é a *cannabis sativa*.

A primeira descrição que se tem da *cannabis* parece ser a de um tratado de medicina de 2.737 a.C. Ela foi largamente usada por sacerdotes de todo o mundo e, de modo especial, na Índia.

Da *cannabis sativa* se derivam o *haxixe*, a *maconha* (e o THC que é seu princípio ativo) mas a planta, em si, contém mais de quatrocentos elementos químicos.

O *haxixe* é obtido das resinas secas encontradas num tipo fêmea da planta e é mais potente do que a maconha, porém, pouco consumida no Ocidente. O álcool foi a principal substância viciante no Ocidente e o vinho é a bebida sagrada do judaísmo e do cristianismo. No mundo maometano, o álcool é proibido, e isto é que levou ao uso da maconha e do haxixe como "ferramentas de poder" no mundo islâmico. Maomé proibiu o álcool, muito provavelmente, porque, sendo soldado, estava mais interessado no poder das nações árabes (*chakra* básico/plexo solar) do que na abertura do coração (preconizada pelas religiões cristãs).

Nos anos 60, a *maconha* se tornou largamente usada no Ocidente, ora como alternativa ao álcool, ora como seu complemento. É importante lembrar que foi nessa década que o Ocidente se voltou para o Oriente em busca dos valores daquela cultura para substituir os ocidentais, considerados insatisfatórios ou mesmo "falidos".

A *maconha* é usada pelas pessoas que têm dificuldade de estar no limiar entre o sono e a vigília. As pessoas que têm medo de um ou de outro, procuram a maconha como "cura".

Se alguém tem medo do sonho e usa a maconha, mergulha na vigília. Se tem medo de permanecer acordado e prefere o mundo dos sonhos, a maconha ajuda. Pessoas que estão começando a receber informação psíquica e que têm medo de trazer isto para uma situação consciente, buscam a maconha.

O perigo da *maconha* é sua força. Seu uso habitual pode levar para além do portal e jamais se passará impunemente por ele. Aí, é impossível distinguir o real e o sonho. E um segundo vício — em álcool, drogas pesadas ou açúcar — pode ser desenvolvido na tentativa de conseguir novamente saber o que é "real" e o que é "sonho".

Não há resultados conclusivos sobre os efeitos dos derivados da *cannabis*. Parece — *no estágio atual das pesquisas* — que não gera dependência física, mas a dependência psíquica se manifesta rapidamente por:

- mudanças de comportamento (que vão da mentira ao roubo);
- obstrução, a curto prazo, da memória, provocando lentidão do aprendizado.

No corpo físico a maconha causa:

- impedimento da função pulmonar, semelhante ao causado pela nicotina do tabaco;

- interferência na ovulação das mulheres; na contagem espermática nos homens e redução da motilidade de espermatozóides com conseqüências na capacidade de gerar filhos;
- permanência de resíduos em tecido adiposo.

No que respeita à energética sutil, a maconha afeta o *chakra* básico (energias de sobrevivência no mundo) e o do 3º olho (consciência de outras realidades). A maconha, por sua atuação no *chakra básico*, atrai as pessoas que se sentem alienadas e desenraizadas. Essa é uma das razões do alcance de sua popularidade nos anos 60, uma década em que as pessoas se sentiram desligadas do passado, da família e das tradições culturais.

No corpo físico, a garganta e os pulmões são, em geral, as partes mais afetadas pelo abuso da maconha. Na área do *chakra da garganta*, a energia quase se paralisa e gera o medo de falar do que se viu nesse portal entre o sonho e a vigília. A chamada "Síndrome da desmotivação" é o estado em que o usuário da maconha fica, cada vez mais, com menor vontade de fazer algo e isto é o resultado dos danos que ocorreram na área do *chakra do timo*.

Em termos de recordações de vidas passadas, os usuários da maconha se referem a episódios onde foram decapitados ou enforcados por terem falado algo.

Como o tabaco e a mescalina, a maconha foi usada por curadores, videntes e buscadores do mundo espiritual. Entretanto, a visão ganha com o uso da Meditação é mais profunda do que a obtida com o uso da droga — a Meditação reduz a velocidade das ondas cerebrais de um modo seguro, o que não ocorre com as drogas.

Nicotina

A *nicotina* é provida de várias formas através do tabaco — em cigarros, cigarrilhas, charutos e cachimbos — e qualquer que seja esta, a *nicotina* que o tabaco contém é a responsável pelo monóxido de carbono da fumaça.

A *nicotina* estimula todos os sistemas do corpo e, quando se pára de fumar, é preciso vários meses para que os sistemas, não mais estimulados, se auto-reparem.

Os pulmões e o coração são os órgãos físicos mais afetados pela *nicotina* e, como os cigarros industrializados contêm açúcar (além de outras substâncias), os fumantes são também viciados em açúcar e sofrem todas as conseqüências físicas dos que deste abusam.

Viciados em fumo perderam a capacidade de sonhar e acender o fogo e olhar as espirais de fumaça pode ser uma metáfora desta capacidade perdida.

Inicialmente, o fumo aumenta a capacidade de percepção, mas com o passar do tempo o fumante perde o paladar e a percepção. O fumo é usado como uma tentativa de manter o foco e o autocentramento, e como forma de oposição à extrema fragmentação da vida atual.

O fogo é o elemento *yang* por excelência e a propaganda do fumo enfatiza a figura do *macho man*. Há uma tremenda pressão para o adolescente fumar e isto parece lhe dar o atestado de que já é "gente grande". No adolescente há o desejo de "pertencer" e ele traz — na memória racial ou inconsciente coletivo — as lembranças dos rituais tribais de passagem, onde fumar com os adultos significava ser considerado como tal, significava ter a certeza de que crescera e que pertencia ao grupo, agora, como adulto.

O vício do fumo anda em decréscimo e parece ser hoje "obsoleto". Os vícios também vêm e vão, e subidas e descidas na popularidade da substância viciante têm muito a ver com a cultura na qual se vive. É possível que parte do decréscimo do uso do tabaco seja a associação do fumo ao câncer de pulmão — nem todos os que fumam têm câncer mas, nos dias atuais, praticamente todo fumante está preocupado com o câncer. O tabaco e os aditivos químicos usados em cigarros, cigarrilhas e charutos causam, no plano físico, irritação nos sistemas do corpo e a fumaça irrita os pulmões, ocasionando, na maioria das vezes, o câncer. Os vasos sangüíneos também se tornam tensos pela necessidade de se defenderem do envenenamento.

A finalidade do uso ritual do tabaco era a de gerar "pontes" entre os diversos aspectos da estrutura da realidade. É importante lembrar que o fumante pode acender um cigarro em qualquer momento e lugar e se sentir "em casa", se sentir bem consigo por um momento... Esse *senso de lugar* envolve a atividade do *chakra* básico.

O plexo solar é altamente envolvido no processo do fumante — basta lembrar das salas de reuniões de trabalho, onde a energia do plexo solar (poder pessoal) é usada, e se terá uma profunda compreensão do porquê, em geral, elas são cheias de fumaça.

O *chakra da garganta* é o lugar por onde a nicotina entra no organismo e, conseqüentemente, a comunicação é um item envolvido no processo de fumar, e por ser uma substância vasoconstritora, a nicotina também afeta o coração e o cérebro.

O 3º olho também faz parte da ponte de comunicação — lampejos intuitivos podem ocorrer, emergindo das nuvens de fumaça do inconsciente.

Crianças — filhos de fumantes inveterados — tornam-se fumantes de segunda mão e crescem tendo esses lampejos do inconsciente.

O uso do tabaco gera pontes entre as energias dos *chakras* que estão constantemente mudando. Quando alguém se sente alienado no trabalho, acender um cigarro aprofunda a energia no *chakra básico* mas, a qualquer momento, essa energia pode se deslocar para o 3º olho. Quando alguém acende um cigarro para se comunicar melhor, pode se sentir, no momento seguinte, usando a comunicação "modelo plexo solar": egoísta e poderosa.

Cafeína

Todos nós temos vícios, alguns dos quais são vistos como "graves" e outros, sequer, considerados vícios. Este é o caso do vício em cafeína.

Quando se fala em cafeína se pensa, de imediato, em café, mas, como já se disse, ela está presente também em chás e refrigerantes. Crianças, consideradas pelos pais como "muito novas" para tomar café, abusam, em troca, de refrigerantes cafeínicos.

Usada com moderação, a cafeína é um estimulante, porém, se há abuso, ela produz depressão, insônia, indigestão e, em alguns casos, pode eventualmente levar a doenças cardíacas e ao delírio.

O vício da cafeína é um subproduto do *workholism* — o vício do trabalho — porque ela é usada como "ferramenta de poder" para alterar o ritmo do corpo e levar a produzir mais.

Em nossa sociedade, mesmo as crianças muito novas são pressionadas para produzir e competir, e, como são "muito novas" para tomar café, se enchem de refrigerantes de cola que contêm cafeína.

Em muitas partes do mundo é institucionalizada a parada para o cafezinho, senão para o chá. E, nesses locais, quase sempre, usa-se a cafeína como ferramenta de visão no trabalho, buscando a visão e o propósito dele. Como, porém, a maioria dos trabalhos não só é destituída de visão e propósito, mas também mal-remunerada, num determinado ponto acabam as expectativas e instala-se o pensamento: "se eu não posso encontrar propósito neste trabalho, pelo menos tenho de ter energia para continuar a fazê-lo, mesmo como obrigação, para poder sobreviver". A cafeína — e a energia que proporciona — não substitui o propósito nem soluciona a insatisfação com o trabalho, assim, quantidades crescentes passam a ser consumidas.

No mundo atual, as mulheres de carreira sofrem pressões para serem produtivas, racionais e funcionarem *como homem*.

Então, num nível pouco consciente, as mulheres se voltam para o uso da cafeína — e outros estimulantes como a nicotina — para aumentar seu período reprodutivo e retardar a menopausa.

Nas antigas culturas, o período menstrual era um período de repouso. Em nossa cultura isto é considerado arcaico e sexista. A cafeína é a ferramenta das mulheres para vencer a redução de energia que as alterações hormonais do ciclo menstrual provocam. A cafeína interage poderosamente com o estrogênio e outros hormônios, o que faz com que as mulheres fiquem supersensíveis à cafeína durante a menstruação, ainda mais que, em geral, o café é adoçado com açúcar refinado.

Fetos de mulheres viciadas em cafeína têm seu ritmo modificado pela ingestão da cafeína durante a gravidez o que, na maioria das vezes, é responsável pela hiperatividade manifestada posteriormente nas crianças.

O verdadeiro viciado em cafeína está constantemente "ligado" e não se permite um momento de paz. Como não atribui sua inquietação, ansiedade, irritabilidade e depressão à cafeína, passa a usar — ou a também abusar — de pílulas tranqüilizantes (para se libertar da ansiedade, da irritabilidade e da depressão), de pílulas para dormir (para "desligar" o efeito da cafeína), do fumo, ou do álcool (que, no início são só uma ou duas doses para "ajudar a dormir"), na tentativa de fazer baixar o nível de estimulação orgânica causado pela cafeína.

O *chakra* mais afetado pelo abuso da cafeína é o do plexo solar, onde estão assentadas as energias do ego. O trabalho, nos dias atuais, exige muito e é competitivo e isto gera dúvidas e inseguranças sobre a própria capacidade afetando a energia do plexo solar.

A cafeína também afeta o 3º olho e o *chakra* básico. Os antigos usavam poções contendo cafeína para aterrar (*grounding*) a visão, ligando o 3º olho, o plexo solar e o *chakra* básico. A reativação desses *chakras* é importante para o processo de cura. Embora a ênfase seja dada ao café, quando se fala de abuso de cafeína, é importante mencionar suas outras fontes: o chá, o chocolate e os refrigerantes de "cola". Os chás foram largamente consumidos pelos nativos da Índia, China e Japão, e os chás passaram a ser produzidos em escala comercial na China, a partir do século VIII, e introduzidos na Europa no século XVII.

Há uma grande variedade de tipos de chás — alguns parcialmente fermentados, outros totalmente, enquanto outros — chamados de "chás verdes" — não sofrem fermentação. Os efeitos do abuso do chá no organismo são semelhantes aos do abuso do café mas, no nível energético, o chá afeta de uma forma completamente diferente da do café.

Enquanto o café dá suporte ao mundo do trabalho, o chá tem o efeito oposto — ele tende a colocar um véu entre a visão e o trabalho, a encorajar a contemplação sem ação, afetando os mesmos *chakras* mas de forma totalmente diferente. Essa é uma das razões pelas quais pessoas que enveredam por "trabalhos espirituais" abandonam o uso do café passando a usar apenas chás.

Cocaína

A coca é uma planta que vem sendo cultivada, há séculos, nos Andes, na América do Sul. Suas folhas, mascadas, tornam-se estimulantes — provocam euforia e vontade de trabalhar — e são usadas pelos moradores das regiões de grandes altitudes para obter a sensação de energia nos locais onde o ar é rarefeito.

A coca foi introduzida na Europa no século XIX. A cocaína é o princípio ativo da coca e foi isolado de suas folhas na Alemanha, em 1844. A cocaína destilada, pura, é muito mais poderosa do que a obtida pela mastigação das folhas da coca.

Em 1884, o exército da Bavária usou cocaína para ajudar a reduzir o cansaço de seus soldados. Freud usou-a — em si e em amigos — como antidepressivo e para ajudar a vencer a dependência da heroína.

A cocaína é um estimulante do sistema nervoso central e simpático, produzindo efeitos semelhantes aos da adrenalina e aos das anfetaminas. Seu efeito é ainda mais poderoso do que o da anfetamina porque é também um poderoso anestésico local.

A cocaína é, desde 1914, por força do Ato Harrison, legalmente classificada nos Estados Unidos como "narcótico" — uma droga que nubla os sentidos. No Brasil, é a Lei 6.368 de 1976 que capitula tanto a coca como outras drogas como entorpecentes. Ela é, de fato, um estimulante poderoso e seu efeito sobre o sistema nervoso central é instantâneo — a sensação é de euforia e poder, autoconfiança e alerta mental, de maior capacidade de compreensão, e traz ainda, por acréscimo, o desaparecimento da fome e da necessidade de dormir.

A cocaína é vendida em forma de pó — a cocaína pura é misturada a açúcar, farinha, talco ou outras substâncias semelhantes (como procaína e benzocaína) ou a estimulantes (como as anfetaminas). Geralmente é usada por aspiração nasal mas pode ser consumida por contato com as mucosas da boca, vagina e ânus ou, ainda, como injeção intravenosa. Seu efeito pode ser fatal e trazer a morte. Mesmo se usada só ocasionalmente, traz efeitos danosos aos corpos sutis. No corpo físico, o uso repetido da cocaína danifica as cartilagens e as mucosas das narinas, causa congestão crônica e danos ao fígado e aos rins, contrai os vasos sangüíneos e reduz o fluxo de nutrientes e de oxigênio, acelera os batimentos cardíacos, eleva a temperatura do corpo, modifica a sudorese e torna a pele pálida. Após certo grau de intoxicação com a cocaína, se instala uma agitação frenética, uma profunda ansiedade, desaparece a coordenação motora e começam os tremores. Em alguns casos há vertigens, espasmos e convulsões acompanhadas de ataques paranóides (alucinações táteis onde são referidos pequenos vermes ou formigas sob a pele). Nesse caso pode ocorrer derrame cerebral, coma e morte.

Novas drogas aparecem ou as antigas se tornam populares em função da cultura em que se vive. Como nossa cultura nos distancia do Espírito, as drogas parecem ser a melhor ferramenta para manter as pessoas "no topo". Numa cultura que preconiza a gratificação imediata, o aparecimento do *crack* — a droga que "liga" mais instantaneamente e que mais rapidamente induz à violência — não surpreende.

Nos anos 80, em virtude das restrições legais ao uso das anfetaminas, o consumo de cocaína se intensificou. Há possibilidades de, por exemplo, se substituir o LSD por alguns tipos de cogumelos, mas a cocaína parece ser insubstituível em seus efeitos — ela expande os sonhos e leva a pessoa ao "topo". A vida se torna um filme. O viciado, porém, já não está nele — é, apenas, espectador.

Por seu alto preço, a cocaína adquiriu uma aura de "sofisticação" e se tornou "a droga" das pessoas ricas, dos influentes, dos artistas, dos desportistas, dos executivos. Ela é também usada pelas camadas pobres da população mas por razões diversas.

A cocaína conecta o senso de lugar (*chakra* básico) à visão (3º olho), criando visões enraizadas de transformação e de crescimento. Essa conexão de *chakras* inferior e superior parece se refletir na ligação das camadas pobres e ricas em seu uso e distribuição.

Classificadas por sua natureza como drogas orgânicas e, legalmente, como narcóticos, a cocaína e a heroína têm efeitos orgânicos similares e devastadores.

A heroína liga o senso de poder (plexo solar) e de lugar (*chakra* básico). Há, porém, diferenças entre seus usuários — enquanto a cocaína promete sofisticação e riqueza, a heroína abre espaço para sofrimento e pobreza.

Ópio e Derivados — Heroína, Morfina e Codeína

O ópio — a fonte básica da heroína — é uma droga obtida da semente da papoula (*papaver somniferum*). As sementes são oleaginosas e o ópio é extraído de sua resina, seca e transformada em pó. No Oriente, há o hábito de se fumar ou comer ópio (em doces, às vezes misturado ao haxixe). No Ocidente, ele é consumido por diversas vias — oral, subcutânea, nasal (aspiração), retal ou intravenosa.

O ópio foi usado, por séculos, na medicina asiática e, daí, seu uso se estendeu à Europa. Um uso que já era sugerido por Hipócrates em 400 a.C., porém já há referências muito anteriores, cerca de 4.000 a.C., na Suméria. Nos Estados Unidos, o ópio se tornou um problema após a Guerra de Secessão. O láudano — uma tintura de ópio — foi também largamente usado em xaropes infantis.

O ópio contém alcalóides — morfina, codeína, papaverina — usados na medicina e, por isso, seu plantio é legal.

Morfina

A morfina é o ingrediente mais ativo do ópio (mais ou menos 10% do ópio é morfina) e foi extraído na Alemanha, pela primeira vez, em 1805. Na medicina, a morfina é usada como sedativo de dores agudas de curta duração (decorrentes de cirurgias, queimaduras etc.) e nas fases terminais de doenças incuráveis. É considerado o narcótico por excelência, mas vem sendo substituída por narcóticos sintéticos.

Os efeitos da morfina são mais potentes que os do ópio. Ela provoca, inicialmente, volúpia física e intelectual, desenvolvimento da imaginação e do imaginário.

Heroína

A heroína é produzida ao se tratar a morfina com ácido acético. Ela é três vezes mais poderosa do que a morfina e é, ainda, muito usada em pacientes terminais. Enquanto o ópio tem efeito por 8 a 12 horas, a heroína deve ser dada a esses pacientes a cada 3 horas.

Os viciados em heroína têm uma tremenda necessidade de açúcar — é a necessidade de "combustível" para o organismo. A heroína rompe com o metabolismo do corpo e retira o apetite. Os mecanismos de sobrevivência do corpo pedem "combustível" e o açúcar é o meio mais rápido de conseguir isto. Tanto o açúcar como a heroína criam movimentos no *chakra básico*, mas em direções opostas. O abuso do açúcar é uma tentativa de equilibrar rapidamente a energia e este é, em geral, o vício secundário do usuário de heroína.

Este usuário precisa, portanto, dos mesmos processos de tratamento do viciado em açúcar. O vício da heroína oblitera a "saudade da pátria" e o sentimento de ter "perdido as raízes", comum nos emigrantes.

A heroína conecta o senso de poder (plexo solar) e lugar (*chakra* básico), quando essas energias não funcionam juntas devido a privações ambientais ou emocionais. Com o abuso, a heroína desconecta esses *chakras*. As pessoas privadas de um lar amoroso e de um trabalho com significado buscam, na heroína, um substituto.

A atração pela heroína não é só resultante da privação ambiental. Privação emocional profunda, pobreza emocional — mesmo em lares ricos — pode levar alguém à heroína. Para o Eu Interior, em sua materialidade, pobreza é pobreza e impotência é impotência, não importa qual seja a fonte.

Mescalina

O mescal, que nos fornece a mescalina, é o principal alcalóide do peiote — um cacto das regiões áridas dos Estados Unidos e do México. A mescalina foi usada, por séculos, pelos xamãs nativos para provocar o transe. Ainda hoje é usada, em caráter sagrado, pela Igreja Nativa Americana que mistura cristianismo com crenças nativas, em especial, as dos índios navajos. Ela é usada como fumo ou em forma de cápsulas ou comprimidos e provoca efeitos somáticos e psíquicos dos quais se destacam:

Somáticos

- perturbações neurovegetativas;
- mal-estar digestivo;
- aceleração do pulso;
- suores;
- dilatação da pupila.

Psíquicos

- variação do humor — da euforia à depressão, à irritação;
- alterações na percepção (em especial da visual);
- alucinações.

Os xamãs mexicanos sempre usaram a mescalina para provocar o transe. E ela continua sendo muito usada hoje em dia com propósitos rotulados de "espirituais".

Psilocibina

A psilocibina é proveniente do cogumelo mexicano psilicibo e se assemelha à serotonina — substância que existe, normalmente, no cérebro e que interfere em seu funcionamento normal.

A psilocibina provoca alterações neurovegetativas (midríase = aumento do diâmetro das pupilas e alterações do pulso) e alterações neurológicas (vertigens, cefaléias, cãibras, formigamentos) e alterações psíquicas (alucinações). É classificada como droga orgânica e alucinógena.

Drogas Manufaturadas

A primeira das drogas manufaturadas é o *tranqüilizante* que reduz ou até suprime as reações emocionais. Por isso, sua classificação como droga depressora.

Os tranqüilizantes são classificados em:

1. tranqüilizantes menores (ansiolíticos)
2. tranqüilizantes maiores (neurolíticos = reserpina, cloropromazina e a família da butiferona).

Os ansiolíticos são usados para:

1. agitação e tensão nervosa;
2. ansiedade;
3. *desintoxicação de alcoólatras;*
4. pânico (inclusive o causado por uso de anti-histamínicos);
5. vômitos/enjôos de gravidez.

Os neurolíticos são usados para as doenças mentais.

Os tranqüilizantes têm sinergia com o álcool e aumentam seus efeitos e causam dependência física. Quando usados na desintoxicação de alcoólatras terminam por gerar uma outra dependência.

Soporíferos

Os soporíferos, substâncias que acalmam e fazem dormir, são usados em formas de comprimidos, cápsulas, elixires, supositórios ou injeções.

Calcula-se que haja mais de 2.500 derivados do ácido barbitúrico dos quais, mais ou menos quinhentos, são usados intensivamente. Destacam-se desses: Gardenal, Luminal, Nembutal, Seconal, Fenobarbital, Medomina, Soneryl.

Os soporíferos são usados pela medicina para:

- tratamento de insônia;
- tratamento de ansiedade;
- tratamento anticonvulsivante (na epilepsia);
- como pré-anestésicos e na narcoanálise (soro da verdade).

Os soporíferos causam reações fisiológicas e psicológicas das quais as mais freqüentes e importantes são:

Fisiológicas

- depressão respiratória;
- diminuição dos movimentos gastrintestinais;
- diminuição das secreções gástricas;
- depressão cerebral (que pode ir do coma à morte);
- perda da coordenação/habilidade motora.

Psicológicas

- atualização/exagero de traços dominantes de caráter;
- perda do domínio das emoções;
- crises psicóticas agudas.

Os usuários de soporíferos desenvolvem facilmente a tolerância a eles e, assim, as doses devem ser freqüentemente aumentadas. Mas o mais importante é que *quem desenvolve tolerância a barbitúricos, desenvolve tolerância ao álcool.*

Os sintomas de intoxicação crônica causadas pelo abuso dos soporíferos são, em geral:

- negligência com a aparência;
- incapacidade de trabalhar adequadamente;
- ações delituosas inconscientes;
- comportamento infantil (choro/riso em excesso).

E "síndrome de abstinência" se manifesta nos usuários de drogas manufaturadas através de:

- medo e fraqueza;
- tremor das mãos e dos músculos faciais;
- elevação da temperatura do corpo;
- queda da pressão;
- náuseas e vômitos;
- cãibras musculares e convulsões epileptiformes (que podem ocorrer de 24 a 36 horas após a privação e *é absolutamente imprescindível que o terapeuta se assegure de que o paciente terá acompanhamento médico nesse período*).

LSD

O LSD, um alucinógeno, é um composto que não existe em nenhuma substância natural. É preparado a partir do ácido lisérgico encontrado nos esporos do centeio.

Uma "viagem" com o LSD pode ser feita com cem a duzentos *microgramas* da substância, diluída ou combinada com outras. As gotas da solução são pingadas em torrões de açúcar em papel absorvente, ou encapsuladas.

Entre meia hora e três horas após a ingestão, o usuário passa pelas etapas da "viagem":

- frio intenso, instabilidade psicomotora, suores, dores de cabeça;
- medo e angústia que podem beirar o terror;
- riso ou choro incontroláveis e sem motivo aparente.

Há também modificações psíquicas e afetivas que se manifestam através de:

- alteração do sentido de tempo e espaço;
- alterações no sentir o próprio corpo;
- alterações no curso dos pensamentos, sejam em questões materiais, cósmicas, sexuais ou morais;
- alucinações visuais e erotização de situações e sensações.

Durante a "viagem" há uma relativa lucidez, mas a pessoa não consegue impedir o desenvolvimento do processo e é isto que provoca o pânico.

A "CRISE" DE CURA

Quando se começa a trabalhar no plano sutil e a limpá-lo, "o lixo" — medo, raiva, ressentimento, sentimento de fracasso, de rejeição e outros — começa a vir para a superfície e se tem a impressão de que se está enlouquecendo.

É importante que nessa fase a pessoa seja conscientizada de que, por mais difícil e doloroso que possa ser o que está vindo à tona, tudo isso está no passado e está vindo à consciência para ser limpo e liberado.

É normal que aconteça uma "crise de cura" quando se toma a decisão consciente de mudar e de se desintoxicar. Muitos podem ter crises de desespero nessa fase por já terem tentado muitas vezes largar a substância viciante, sem resultados.

No processo do RE-ABRIR O CORAÇÃO a desintoxicação vai ocorrer nos níveis físico, emocional e mental. É importante que a pessoa tenha suporte para confrontar os sentimentos dolorosos e a certeza de que a dor emocional passará, assim como passarão os sintomas físicos da privação.

É possível que a pessoa venha a se sentir furiosa por coisas acontecidas no passado e passe a dirigir essa fúria para quem está a seu lado no momento. É importante que a pessoa seja ajudada a manter o foco e a redirecionar os sentimentos para o alvo. A pessoa pode também pensar que "não é lógico" se sentir tão furiosa por algo acontecido há tanto tempo. As substâncias viciantes são usadas para suprimir sentimentos e para essa supressão se usa energia. Ela se soma à energia do sentimento e na fase de tratamento tudo parece emergir "mais carregado".

Nesse período, a raiva e a dor emocionais devem ser confrontadas e este não é o momento de trabalhar o perdão. O perdão será trabalhado de modo efetivo quando a raiva, o medo, a dor e o ressentimento forem aceitos.

Essa é a fase em que os conhecimentos das técnicas de segundo nível do Sistema Usui de Cura Natural são fundamentais. Elas permitirão dirigir a Luz diretamente para esses bloqueios e seu enraizamento no plano mental e também dar suporte ao cliente, à distância, no período entre as idas ao consultório.

O PROCESSO DE CURA

O período de cura varia conforme a pessoa, o tempo de consumo e o tipo de substância viciante. É importante lembrar que a cura é um *processo* e que não ocorrerá em uma semana. Esse processo ocorrerá em vários níveis e é bom que tanto a pessoa em tratamento como seus familiares estejam conscientizados de que o tempo é fundamental.

Em geral, as pessoas chegam em busca de cura vibracional quando já buscaram todos os processos tradicionais, investiram tempo e dinheiro em tratamentos e não obtiveram os resultados desejados. A maioria quer a "solução mágica" e, conseqüentemente, instantânea.

Nos processos de cura vibracional, o paciente deve assumir gradual e lentamente a responsabilidade por sua cura e bem-estar.

Em qualquer hipótese, o processo do RE-ABRIR O CORAÇÃO deve ter, sempre, no início:

- uma sessão para anamnese e início da terapia floral;
- tratamento básico com REIKI constituído de quatro sessões *consecutivas*;
- cinco sessões de meditação.

Só depois desse "tratamento básico" é que se pode definir como o tratamento deve prosseguir. A combinação de REIKI + florais + elixires inicia um poderoso processo de desintoxicação e cada pessoa vai reagir de sua forma própria.

Todo o sistema excretor do organismo vai ser mobilizado nessa fase e alterações nas fezes e urina (cor, quantidade, odor, freqüência) são comuns. A pele também será profundamente requisitada e alterações no suor (quantidade e odor) sempre são relatadas.

É fundamental apoiar o paciente desde o início e, se ele estiver recebendo tratamentos médico e psicoterapêutico, é importante que haja uma interação entre esses profissionais e o curador. Nada poderá ser pior nessa fase do que um conflito aberto entre os paradigmas de tratamento.

Um programa de trabalho meditativo deve ser estabelecido, priorizando-se, no início do tratamento, a limpeza da aura e o trabalho com o medo e a raiva. As meditações podem ser gravadas pelo paciente durante a sessão para que possa depois repeti-las sozinho. Se houver desejo, o paciente pode se inserir num grupo de meditação, onde poderá compartilhar com outros e sentir que não está sozinho.

Também a freqüência das sessões de REIKI, como já se disse, só poderá ser definida depois do *tratamento básico* e de acordo com cada paciente. Um esquema de trabalho em quatro semanas é bem adequado, sendo que, nas três semanas seguintes ao tratamento básico, são aplicadas três sessões que, então, poderão ser ou não consecutivas. Daí, uma nova avaliação terá de ser feita.

Tão logo seja possível e o paciente o deseje ele deve ser iniciado ao Sistema Usui para se trabalhar com REIKI. Isto objetiva começar a transferir para a pessoa a responsabilidade por seu tratamento e, ao mesmo tempo, reduzir-lhe os custos.

Familiares e pessoas apoiadoras podem também se iniciar ao Sistema Usui de modo a participar e apoiar o processo. Quando o terapeuta trabalhar com grupos, é importante que estimule a troca de REIKI entre os participantes fora do grupo.

Os exercícios meditativos são poderosos ao nível dos impactos na consciência mas, em geral, os padrões dolorosos e os bloqueios estão fincados fundo na psique do viciado. Pode levar semanas, meses, até que um padrão emocional negativo seja liberado. Alguns trabalhos serão mais fáceis e, em outros, haverá uma maior resistência. Sugere-se que cada exercício seja trabalhado por quatro dias consecutivos, pelo menos. Eles são curtos exatamente para não eliciar resistências do tipo "não tenho tempo", "não consigo me concentrar" ou similares.

É importante que se estabeleça *uma meta por vez*. Todos os exercícios meditativos propõem a construção de um globo de Luz. Essa Luz é a Luz do Ser Real, da Criança Divina, do Eu Superior, e é deliberadamente usada para evitar que a pessoa entre em contato com formas-pensamento existentes no ambiente. As próprias formas-pensamento do dependente já são por si só difíceis de serem confrontadas. As sensações de "bichos" que os atacam e que são consideradas como alucinações são bem verdadeiras quando se considera que os planos sutis são reais e têm outros níveis de vibração. Parasitos astrais existem e são visíveis em fotos Kirlian ou à visão clarividente treinada.

Atividades sociais e esportivas bem como alterações na dieta devem ser sugeridas e estimuladas. É importante que se crie uma situação apoiadora e não é em vão que os Alcoólatras Anônimos nos Estados Unidos usam a expressão HALT—H = *hungry* (faminto), A = *angry* (zangado), L= *lonely* (sozinho) e T = *tired* (cansado) — para designar a situação em que o dependente se torna profundamente vulnerável.

Parte II

USANDO A LUZ PARA CURAR O CORAÇÃO

USANDO A LUZ

Uma das maiores ferramentas de poder é a Luz ou a força da vida. Ela é a Luz Interior, a fonte da vida e a essência do pensamento.

A "Luz" que vemos na aura das pessoas é o "efeito visual" da força da vida, isto é, do Espírito. Esta é a Luz no coração de cada um de nós, aquela que cura, transforma e faz prosperar.

As meditações do RE-ABRIR O CORAÇÃO propõem a visualização dessa Luz, em várias cores (ver tabela adiante), correspondentes a suas manifestações como raios cósmicos.

É importante que a pessoa em tratamento saiba que também nela há uma parte que "sabe" como criar a Luz. Deve-se lembrar que essa Luz mantém o corpo funcionando — as células são nutridas, o sangue circula, a respiração se faz, os sentidos recebem impressões... — sem que haja necessidade de uma participação consciente.

Muitos se preocupam por não terem uma visualização e para facilitar o processo são propostos alguns trabalhos. Mas, não é necessário "ver" a Luz, como não é necessário se ver o suco gástrico para que se faça a digestão. Quando se pensa na Luz, o pensamento, por si só, a gera.

Muitas pessoas sentirão sensações de calor ou de frio durante o processo. Muitos podem sentir a energia como som ou movimento em vez de temperatura e cor. Não há *certo* e *errado* no processo. Um pintor pode criar a sua obra, a partir de imagens coloridas mas um compositor pode criar "ouvindo" o som e um bailarino pode "ver" os movimentos de sua coreografia.

Todos os *chakras* são trabalhados porque eles se constituem nos "órgãos" dos corpos sutis, e quando se abre um *chakra* há a necessidade de se abrir os outros *chakras*, porque focar a energia num só local pode criar desequilíbrios. Se o 3º olho e o coronário, por exemplo são abertos para o trabalho psíquico e espiritual sem que haja a limpeza dos *chakras* inferiores, pode-se estabelecer uma abertura que pode levar a sensações desagradáveis ou a experiências desajustadoras. Já, abrir o *chakra* sexual sem atenção para o cardíaco e o coronário pode levar a relacionamentos sem afeto e distorcidos. Quando se faz um trabalho de modelagem dos músculos físicos, se exercita o corpo por inteiro. Da mesma forma tem-se que fazer no "campo" sutil. E meditar não é senão fazer a "modelagem" no campo sutil.

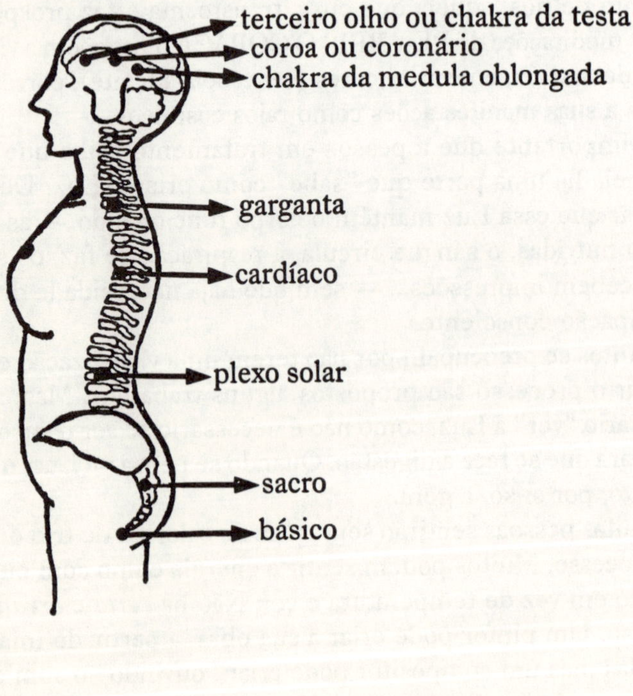

CHAKRA	ABRE	FECHA
TESTA	BRANCO OU ÍNDIGO	AMARELO VERMELHO ESCARLATE
GARGANTA	AZUL OU TURQUESA	VERMELHO/LARANJA
CARDÍACO	VERDE/OURO	LARANJA
PLEXO SOLAR	BRANCO	MARROM
SACRO	LARANJA	TURQUESA
BÁSICO	VERMELHO	VERDE

A VISUALIZAÇÃO

Os trabalhos propostos no processo do RE-ABRIR O CORAÇÃO usam, fundamentalmente, a capacidade de visualização da pessoa. Para alguns, essa será uma etapa cheia de dificuldades, seja porque não desenvolveu essa capacidade em si, seja porque ela está embotada pelo uso de substâncias viciantes. Os exercícios propostos funcionam mesmo que a pessoa não consiga "ver" mas é importante que se trabalhe no sentido de adquirir o poder de visualizar porque esta é uma "ferramenta de poder" que substitui com vantagem as substâncias viciantes.

A visualização é um processo através do qual criamos imagens em nossa mente. Através dela podemos dissolver as condições que geram problemas e a necessidade de substâncias viciantes. Podemos também criar imagens daquilo que desejamos para nossa vida.

A habilidade de visualizar é uma das mais poderosas ferramentas para a criação de mudanças "mágicas" para nós. E poder gerar imagens fortes daquilo que se quer na vida dá propósito e direção ao trabalho. Quanto mais vívidas as imagens criadas, mais poderosamente atuarão no plano mental, acionando transformações. A linguagem da psique é o *símbolo*, a *imagem*, e é ela que direciona a energia ao seu destino.

Alguns exercícios são propostos para aqueles pacientes que têm dificuldade de visualizar. Quando isto acontecer é importante que a pessoa seja conduzida de um modo tranqüilo à certeza de que realmente é capaz de gerar imagens. Se a *pessoa pensa que visualiza*, já realizou o trabalho.

ESTABELECENDO A PRÁTICA

Como ocorre com a prática de exercícios físicos onde é necessária a regularidade para que haja efeitos, a meditação deve ser praticada regularmente. O ideal é que a prática seja feita todos os dias ou, pelo menos, diversas vezes por semana. As meditações do RE-ABRIR O CORAÇÃO são deliberadamente curtas, visando facilitar a criação do hábito e a redução da resistência à disciplina, tão habitual no comportamento humano. Na seção pertinente são indicadas as Essências Florais que podem ajudar no processo da Meditação.

Algumas recomendações são cabíveis:

- o terapeuta deve conhecer o texto da Meditação e é aconselhável que também o pratique;
- o ambiente deve ser relaxante, com cores suaves e sem barulhos. Pode-se usar incenso ou aromas para facilitar o trabalho e uma música suave;
- o ambiente deve passar por uma limpeza psíquica *antes* e *depois* do trabalho meditativo. Qualquer processo que garanta a assepsia psíquica é recomendável. Particularmente uso os processos de REIKI e quando acho necessário utilizo uma defumação com sálvia ou incensos que contenham cânfora e/ou arruda. Em geral isto é suficiente mas também podem ser usados cristais nos cantos da sala com as pontas viradas para o centro;
- é importantíssimo que a pessoa esteja sentada confortavelmente em cadeira ou no chão. Não é aconselhável a posi-

ção deitada porque há uma tendência a adormecer. É importante que a consciência esteja alerta. Dormir durante a meditação é um indicador de depressão subjacente e ela existe em todos os que usam substâncias viciantes, estejam ou não conscientes disto;

- meditadores iniciantes têm dificuldade com os olhos. Muitos acham que é mais fácil fechá-los completamente. Isto evita distrações visuais e facilita a focalização de imagens para alguns, mas para outros é fonte de devaneio e um convite à preguiça;
- a coluna deve estar ereta porém sem tensão porque ela é o eixo de nosso corpo físico e de nossos corpos sutis;
- se for usada uma cadeira é importante que pernas e pés fiquem relaxados e, se necessário, deve ser usada uma pequena almofada sob os pés para evitar que a tensão nas pernas venha a provocar cãibras;
- a língua deve ficar tocando o céu da boca atrás dos dentes superiores para evitar que o fluxo de saliva e a necessidade de engolir venham a perturbar o trabalho;
- todos os exercícios propostos mencionam *"façam atenção à sua respiração e deixe que ela se torne tranqüila, regular e lenta"*. Não é necessário um relaxamento completo e que leve ao sono. O corpo deve estar relaxado e a mente alerta. Prefiro usar o sistema de quatro tempos: INSPIRAR, SEGURAR O AR NOS PULMÕES, EXPIRAR E MANTER OS PULMÕES VAZIOS. À medida que o trabalho se desenvolve poderão ser usados outros tipos de respiração se o terapeuta tiver habilidade e conhecimento a respeito;
- os exercícios mencionam a formação de um globo de Luz obtido a partir de uma Luz branca brilhante. Este globo tem a finalidade de criar um espaço amoroso e seguro para o trabalho. É importante que a pessoa em tratamento saiba que esta é a Luz de seu Eu Superior, de sua Criança Divina ou de seu Cristo Interno;
- algumas noções de energética sutil devem ser repassadas, em especial quanto à posição dos *chakras* para que seja facilitada a realização de alguns dos trabalhos.

DESENVOLVENDO A CAPACIDADE DE VISUALIZAR

Exercício 1

1. Sente-se confortavelmente. Feche os olhos.
2. Torne-se consciente de sua respiração. Sinta o ar penetrando nas narinas... entrando em seu corpo...
3. Pense em seu quarto... móveis, objetos, cores...
4. Você *vê* o quarto?
5. Deixe as imagens se personificarem claramente.

- *Repita o exercício usando pessoas, outros lugares, objetos...*

Exercício 2

1. Sente-se diante da TV e tire o som.
2. Ponha a palma da mão esquerda para cima e pressione o polegar da mão direita sobre ela.
3. Feche os olhos. Respire profundamente. Focalize sua atenção no ar entrando e saindo de seu corpo.

4. Vá ficando mais e mais relaxado...
5. Abra os olhos e olhe a TV.
6. Pressione novamente o polegar direito sobre a palma da mão esquerda.
7. Observe a TV por alguns minutos.
8. Feche os olhos e tente "ver" (com os olhos da mente) as imagens que viu na TV.
9. Abra os olhos.

Exercício 3

1. Sente-se num lugar tranqüilo, no qual sabe que não vai ser interrompido.
2. Imagine que sua mente é uma tela de TV. Sinta essa tela entre as sobrancelhas.
3. Olhe uma fotografia sua, ou se olhe no espelho, observando cada detalhe.
4. Feche os olhos, traga sua tela mental e visualize seu próprio rosto.
5. Deixe a imagem se tornar a mais vívida possível.
6. Abra os olhos e retome o aqui e agora.

- *Esse exercício pode ser repetido, usando-se o retrato de outras pessoas.*
- *Quando se sentir com habilidade de criar imagens fixas, comece a se ver dirigindo um carro, caminhando, falando em público, isto é, dê movimento e vida às imagens.*

USANDO A LUZ PARA TRABALHAR OS *CHAKRAS*

Trabalhando Cada um dos *Chakras*

Exercício

1. Sente-se num lugar tranqüilo. Preste atenção a sua respiração e deixe que ela se torne tranqüila, regular e lenta.
2. Sinta sobre sua cabeça uma Luz branca, brilhante, que se espalha e começa a envolvê-lo construindo um globo de Luz a seu redor.
3. Preste atenção a cada um dos seus *chakras* e sinta que em cada um deles há uma flor prestes a desabrochar. E que essas flores desabrocham para fora de seu corpo.
4. Volte sua atenção para o *chakra* básico e, lentamente, pétala por pétala, sinta a flor se abrindo. Afirme para si próprio: *Eu Sou enraizado em meu corpo e em minha vida.* Se quiser, ponha a mão sobre o *chakra,* à medida que faz a afirmação.
5. Agora, leve sua atenção para o *chakra* sexual, sinta as pétalas se abrirem uma a uma e afirme: *estou aberto a minha sexualidade e a minha criatividade.*
6. Volte a atenção para o plexo solar, sinta a flor se abrir, pétala a pétala, e afirme: *Eu Sou forte e claro, eu sou capaz de estar no comando de minha vida.*

7. Faça, agora, sua atenção voltar-se para o *chakra* cardíaco, sinta o movimento de abertura das pétalas e afirme: *Eu Sou amoroso e nutridor.*
8. Passe, então, ao *chakra* da garganta e afirme, à medida que as pétalas se abrem: *Eu Sou claro e amoroso em minhas comunicações.*
9. Volte-se para o *chakra* da testa e afirme, enquanto se abrem as pétalas: *Eu Sou claro em minhas visões.*
10. Vá a seguir para o *chakra* coronário, sinta o desabrochar das pétalas e, por fim, afirme: *Eu Sou unido ao poder maior, Eu Sou um com Deus.*
11. Observe que no centro de cada flor há uma Luz brilhante e forte, que ilumina seu globo de Luz, projetando-se e que o ultrapassa e ilumina o mundo exterior.
12. Conserve as flores com você, dissolva o globo de Luz e lentamente volte ao aqui e agora.

Observações:

- *Se este exercício for feito freqüentemente, haverá um aumento de energia nas áreas dos* chakras.
- *As flores devem ser reabertas sempre, uma vez que se fecham rapidamente devido ao estresse, à fadiga, às experiências dolorosas ou por conta de pequenos vícios.*
- *Você também pode imaginar as flores se abrindo em qualquer órgão que necessite de cura ou que foi danificado pelo vício. Também pode imaginar, por exemplo, flores que se abrem a seus olhos se quiser melhorar sua capacidade de apreciar a arte, ou o som do desabrochar das flores em seus ouvidos, caso sua necessidade seja a de se tornar um melhor ouvinte.*

LIMPANDO OS *CHAKRAS* COM A LUZ VIOLETA

Exercício

1. Sente-se num lugar tranqüilo no qual sabe que não vai ser perturbado. Preste atenção a sua respiração, deixando que se torne profunda, regular e lenta.
2. Imagine, sobre sua cabeça, uma Luz branca, brilhante, que começa a formar a seu redor, um globo de Luz.
3. Sinta este globo a seu redor, continue respirando e volte sua atenção para os seus *chakras*. A partir do *chakra* básico vá focalizando um a um.
4. Agora imagine um vórtice de Luz violeta apontando para seu *chakra básico*. Deixe que ele limpe as impurezas e dissolva as obstruções. Deixe que elimine todas as coisas que o impedem de se sentir ligado à Terra (*grounded*). Deixe que a Luz trabalhe, e saiba que ela continuará atuando mesmo que sua atenção esteja em outro *chakra*.
5. Agora, volte sua atenção ao *chakra sexual*, recrie o vórtice de Luz violeta, deixe que ele penetre no *chakra*, removendo as impurezas e os obstáculos e que você tenha um saudável e equilibrado fluxo de energia sexual.
6. Agora, leve sua atenção ao *plexo solar*, crie o vórtice de Luz violeta, deixe que ele penetre no *chakra,* remova todas as

obstruções a uma auto-estima realista e saudável e dissolva as velhas feridas do ego e seus sentimentos de falta de autoconfiança.

7. Deixe os vórtices trabalhando nos *chakras* e mude sua atenção para o *chakra cardíaco*. Crie o vórtice de Luz violeta para limpar e curar seu coração de todas as velhas feridas e queimar as obstruções, para que você ame e seja amado.
8. Agora, atente para o timo. Este *chakra* não está bloqueado mas, simplesmente, está fechado. Deixe-o ser penetrado pelo vórtice de Luz violeta para que este ajude a abri-lo. Sinta-se conectado a um mundo tranqüilo e nutridor.
9. Agora, dirija a atenção para o *chakra da garganta*, o vórtice de Luz violeta recriado deve ser levado a penetrar o *chakra* para eliminar as obstruções à perfeita comunicação e ao fluxo da energia do dinheiro.
10. Dirija então sua atenção para o *chakra* do *3º olho*, retorne ao vórtice de Luz violeta e deixe que ele penetre o *chakra* queimando os obstáculos ao fluxo da energia psíquica criativa.
11. Dirija a atenção para o *chakra* da coroa, e deixe que o vórtice penetre, eliminando os obstáculos à meditação, à inspiração e à abertura de sua conexão espiritual.
12. Observe, agora, cada um dos *chakras* e veja se o vórtice ainda está atuante e se necessita de algum trabalho especial.
13. Deixe que a Luz se torne mais e mais brilhante nas áreas dos *chakras* e permaneça assim por alguns momentos.
14. Dissolva o globo de Luz e, lentamente, retorne a seu aqui e agora.

Observações:

- *Este exercício deve ser repetido por alguns dias para que haja uma limpeza completa.*

- *Quando os* chakras *estiverem limpos, podem ser usados vórtices da cor da energia dos* chakras *ou conforme a intuição. (Para a cor da energia dos* chakras, *consultar figura no início deste capítulo.)*
- *O processo de limpeza deve ser repetido periodicamente para evitar a construção de novas obstruções causadas pelos problemas do cotidiano.*

PREENCHENDO E ALIMENTANDO OS *CHAKRAS* COM A LUZ

Exercício

1. Sente-se num local tranqüilo, onde tem certeza de que não vai ser perturbado. Respire, tranqüila, regular e lentamente.
2. Imagine que sobre sua cabeça há um fio de Luz branca (ou de outra cor que você achar melhor). Sinta que ela se espalha a seu redor e forma um globo de Luz que o envolve inteiramente.
3. Continue respirando tranqüila e profundamente, mergulhando mais e mais no estado meditativo. Sinta que a energia que o cerca vem de seu Eu Superior e sinta uma profunda ligação entre seu ego e ele.
4. Diga a seu Eu Superior que você precisa de força e de energia para realizar suas tarefas. Sinta a energia de seu Eu Superior passando através de um tubo de Luz que, lentamente, vai enchendo você de energia, tornando-o mais forte.
5. Quando sentir que absorveu bastante energia, dissolva o tubo, o globo e, lentamente, volte ao aqui e agora.

Observações:

- *Este exercício é útil para aqueles que se sentem drenados pelos outros, ou drenados pelo excesso de trabalho.*
- *O exercício não é substituto para o repouso. Lembre que* workholism *(isto é, o trabalho obsessivo) é um tipo de vício.*

LIGANDO A ENERGIA DOS *CHAKRAS*

Exercício

1. Sente-se comodamente, num local tranqüilo, onde tem certeza de não ser incomodado. Sinta sua respiração e deixe que ela se torne lenta, regular e profunda.
2. A partir do *chakra* básico, fique consciente de cada um dos *chakras*. Sinta todos eles, um a um.
3. Agora, focalize sua atenção no *chakra* básico. Sinta um tubo de energia de Luz emergindo da parte superior dele e se movendo em direção ao *chakra* sexual. Sinta a conexão energética e perceba que ela passa para a parte dianteira deste *chakra*, circula à frente de seu corpo e retorna ao *chakra* básico.
4. Agora, sinta que há um fluxo contínuo de energia entre os dois *chakras* que assim se ligam e equilibram.
5. Você sabe como é sentir cada um dos *chakras*. Agora, observe como sente os dois trabalhando juntos. Veja se a energia parece familiar e confortável.
6. Dissolva a conexão entre os dois *chakras,* mas mantenha a atenção no *chakra* básico. Agora, sinta como que um tubo de energia saindo da parte posterior do *chakra* básico e subindo na direção do *plexo solar*. Sinta a energia penetrando o plexo solar, passando para a parte dianteira e retornando em direção ao *chakra* básico. Observe os dois

chakras ligados. Veja como sente a energia, que diferença há entre esta ligação e a ligação anterior, do *chakra* básico com o sexual.

7. Lentamente, recomece, desta vez, do *chakra* básico ao cardíaco. Sinta a ligação entre os dois e observe as diferenças. Deixe a energia retornar ao *chakra* básico.
8. Novamente sinta o tubo de energia saindo do *chakra básico* e se ligando ao *chakra da garganta*. Perceba a correção, observe as diferenças e retorne com a energia pela parte dianteira do corpo ao *chakra* básico.
9. Sinta, agora, o tubo de energia saindo do *chakra* básico em direção ao da testa, a energia penetrando. Observe a ligação, veja a diferença... Agora, volte com ela, pela frente do corpo ao *chakra* básico.
10. Agora, sinta a energia sair do *chakra* básico, como um tubo de Luz, e chegar até o *chakra* da coroa. Perceba a conexão, observe as diferenças e faça a energia retornar ao *chakra* básico pela parte dianteira do corpo.
11. Agora que você passou por todos os *chakras*, retorne do básico ao sexual e ligue as luzes de cada um, semelhante às de um farol, sentindo que se juntam num único raio a sua frente.
12. Faça, agora, a ligação do farol do *chakra* básico e do plexo solar, sinta-os brilhar e seus raios se unirem em um a sua frente.
13. Agora, veja o par, *chakra* básico e *chakra* cardíaco e deixe que os seus raios se fundam a sua frente.
14. Estabeleça a ligação entre o farol do *chakra* básico e o do *chakra* da garganta, e deixe os raios de Luz se fundirem.
15. Agora estabeleça a ligação do farol do *chakra* básico com o *chakra* da testa, deixando os raios se unirem.
16. Finalmente, estabeleça a ligação entre o par de faróis do *chakra* básico com o *chakra* coronário.
17. Agora que você já estabeleceu a relação entre todos os *chakras* e que os equilibrou o quanto possível neste momento, continue tranqüilamente em seu globo de Luz e observe. Perce-

ba que há uma conexão interna, uma espécie de circuito único que liga os *chakras*. Ele passa por suas costas e retorna à frente de seu corpo. Sinta a energia circulando e a energia brilhante de cada um dos *chakras*.

18. Permaneça observando esta energia por algum tempo e, então, dissolva o globo e, calmamente, volte a seu aqui e agora.

TESTANDO OS *CHAKRAS*

Exercício

O exercício a seguir é apropriado para testar a capacidade de dar e receber energia dos chakras.

1. Sente-se num lugar tranqüilo, onde tem certeza de que não vai ser perturbado, procure um lugar onde você possa ter à frente uma parede branca de, pelo menos, 1,80cm.
2. Imagine uma Luz branca sobre sua cabeça, que começa a girar ao seu redor construindo um globo de Luz branca e brilhante.
3. Respire calma e tranqüilamente até sentir que o globo se completou.
4. Imagine, agora, que no lugar de cada um de seus *chakras* há um farol, como o dos automóveis. Cada um desses faróis tem uma cor diferente (ou tem a mesma cor branca ou outra qualquer que você preferir).
5. Trabalhando a partir do *chakra básico* um por um, acenda cada farol e observe sua projeção na parede em frente a você. Procure tomar consciência da força relativa de cada uma das lâmpadas. Observe quais as que chegam até à parede e quais as que não conseguem.
6. Contate mais profundamente com você próprio e veja que há um lugar, em seu interior, onde existem comutadores que per-

mitem aumentar a Luz dos *chakras* que estão fracos e diminuir a daqueles que estão muito fortes.

7. Agora, imagine o local em que você está, sendo preenchido por uma Luz incrivelmente brilhante. Ela pode ser branca, azul, dourada ou prateada e é muito mais brilhante e forte do que qualquer outra luz que haja em seu interior. Esta é a Luz do Espírito (ou da Divina Presença Eu Sou) que sempre está presente.
8. À medida que você começa a ver e sentir esta Luz, observe que ela começa a envolver seu globo de Luz e passa através das paredes dele e começa a enchê-lo, também. Após ter enchido todo o globo, a Luz vai começar a entrar em seus *chakras*.
9. Observe em quais *chakras* a Luz penetra mais facilmente, e em quais há maior dificuldade. Procure respirar lenta e profundamente de modo que a Luz penetre mais e mais em seus *chakras*, em especial naqueles que estão com dificuldade de receber Luz. Observe que nem sempre os *chakras* com problemas de dar, são os mesmos com problemas de receber. Por exemplo, você pode estar dando Luz através da 3ª visão e não estar recebendo nenhuma através dela.
10. Quando sentir que inspirou Luz suficiente para equilibrar os *chakras*, permaneça na Luz por alguns instantes, e então dissolva seu globo de Luz.
11. Vagarosamente, cuidadosamente, com pequenos e suaves movimentos, volte a seu aqui e agora.

TRABALHANDO O *CHAKRA* CARDÍACO

Exercício

1. Sente-se num lugar tranqüilo, onde tem certeza de que não vai ser perturbado. Preste atenção a sua respiração, deixe que ela se torne profunda, regular e lenta.
2. Imagine, agora, que há uma Luz branca, brilhante, sobre sua cabeça, que ela o circunda, formando um globo de Luz a seu redor. Sinta-se dentro do globo de Luz e continue respirando lenta e pausadamente.
3. Traga a atenção para o *chakra cardíaco* e imagine seu coração como uma flor de muitas pétalas, as pétalas voltadas para o interior e fechadas. Você pode visualizar esta flor como um lótus, uma rosa, ou qualquer outra flor de muitas pétalas de que você goste. Uma boa cor para você usar é rosa, que é a cor do amor.
4. Começando da parte de fora, permita que as pétalas se abram uma por uma. À medida que cada pétala se for abrindo, reafirme sua capacidade de dar e receber amor. Você pode fazer isto, afirmando em voz alta ou só interiormente *estou aberto ao amor* ou alguma outra afirmação que lhe pareça agradável. Mover as mãos sobre o coração enquanto as pétalas se abrem parece que aumenta o efeito do campo de energia.
5. Mantenha-se respirando profunda, regular e lentamente, abrindo pétalas e pétalas, repetindo as afirmações. E, assim

que se aproximar do centro, observe as pétalas se tornarem mais brilhantes, de um rosa suave, quente ao toque.

6. Quando o centro cardíaco estiver totalmente aberto, a Luz rosa irradiará suavemente e pulsará visivelmente, mesmo fora de seu globo de Luz. Afirme para si: *a Luz de meu coração é uma bóia de sinalização para aqueles que honestamente queiram compartilhar amor cósmico.* E deixe a Luz de seu coração ir para fora do globo, sabendo que ela está vindo para você de seu Eu Superior.
7. Agora, gire a flor, de modo que ela se volte para o interior e, vagarosamente, deixe todo seu corpo se encher da Luz rosa. Afirme para si *Eu Sou amoroso e pleno de amor.* Lembre-se de que é fácil se tornar dependente dos outros para obter o amor que se precisa mas, lembre-se também, que nós temos, todos, o poder de nos conectar diretamente à fonte de energia amorosa e de nos enchermos dela.
8. Agora, torne a girar a flor para fora e deixe que suas pétalas se fechem suavemente. Muitos de nós, por não sabermos fechar estas pétalas, nos tornamos envolvidos com pessoas não apropriadas, muito rapidamente. Saber fechar as pétalas é tão importante quanto saber abri-las. Assim, elas se abrem de acordo com nossa vontade e não porque estamos viciados em tê-las abertas.
9. Enfim, desfaça o globo a seu redor e comece a voltar a seu aqui e agora, fazendo pequenos movimentos, tomando consciência do que o circunda.

TRABALHANDO COM A LUZ QUANDO SE TEM DOR

Exercício

1. Sente-se num lugar tranqüilo, no qual sabe que ninguém vai lhe interromper.
2. Respire lenta, profunda e pausadamente, tomando consciência de seu corpo.
3. Imagine um raio de Luz branca brilhando ao seu redor e veja-o se deslocar e formar um imenso globo de Luz que o envolve e o protege.
4. Continue tomando consciência de sua respiração e deixe que ela se torne mais profunda.
5. Preencha o globo com *Luz coral* e continue respirando.
6. Agora volte a atenção para sua dor — veja sua forma, sua textura, sua cor, sua temperatura e seu cheiro.
7. Continue respirando e observando sua dor, com plena consciência, até ter clareza sobre ela.
8. Agora, vá até a sua dor e pergunte por que você a sente e o que ela vai lhe ensinar, que tipos de coisas você precisa fazer ou aprender para que ela possa acabar.
9. Sinta que você não precisa ter medo da dor. Continue respirando e se tornando mais consciente dela e continue o diálogo interior até sentir que aprendeu todo o necessário.

10. Agradeça à dor o que ela lhe permitiu aprender.
11. Sinta o seu corpo se tornando poroso como uma esponja e, a cada inspiração, sinta que ele se preenche com a energia da Luz coral.
12. Inspire mais e mais profundamente, puxando a energia da Luz coral diretamente para o lugar da dor.
13. A cada respiração, sinta que parte da dor é posta para fora de seu corpo pelo topo da cabeça, pelas mãos, pelos pés, pelos poros.
14. Sinta que a forma e a intensidade da dor diminuem à medida que você respira.
15. Deixe seu corpo ser totalmente preenchido pela Luz coral, e sinta que a dor já não está mais com você, que a Luz coral revigorou e curou.
16. Quando se sentir pronto, dissolva o globo de Luz e retome o seu aqui e agora.

ATENÇÃO: *Repetir sempre que necessário, lembrando que a dor física sempre está conectada a uma dor emocional e mental.*

TRABALHANDO E LIBERANDO A DOR EMOCIONAL

A meditação a seguir objetiva liberar a dor emocional em dois passos:

- mostrando como liberar a energia usada para manter as influências negativas;
- mostrando as poderosas forças que podem ajudar e que o tornarão exposto às maravilhosas possibilidades disponíveis em sua vida.

Exercício

1. Sente-se num lugar tranqüilo e se certifique de que não será interrompido.
2. Preste atenção a sua respiração e deixe que ela se torne regular e lenta.
3. Procure dar ritmo à respiração: inspire... segure o ar nos pulmões... expire... mantenha os pulmões vazios.
4. Visualize acima de sua cabeça um fio de Luz branca-dourada, brilhante, que gira e forma um globo de Luz ao seu redor.

5. Agora volte sua atenção para seu corpo. Sinta o peso em seu mais profundo interior. Focalize toda sua atenção neste peso. Sinta que é uma combinação de forças mentais, físicas e espirituais.

Sinta/saiba que todo tipo de negatividade é uma força resistente que o organismo absorve e isto o leva a se sentir "pesado" em todos os níveis.

6. Agora visualize a causa de sua dor emocional. À medida que fizer isto, permita o efeito acontecer em seu corpo.

(O peso parece aumentar à medida que a visualização se torna mais clara e vívida.)

7. Mantenha o foco mental. Visualize agora que há, a seus pés, uma enorme esfera de *Luz verde*.
8. Estire seus pés e sinta-os sobre a esfera de Luz verde.
9. Agora você está tremendamente pesado. O verde da esfera sob seus pés é frio, como se você pisasse um gramado verde orvalhado. Mova seus pés, seus calcanhares, sobre esse gramado verde e se sinta aterrado.
10. Focalize agora seu 3º olho e desloque-o para baixo, na direção do centro de seu corpo... e mais para baixo ainda... na direção do globo verde.
11. Inale, muito vagarosamente, essa Luz verde.
12. Respire com o coração, como se as suas narinas tivessem se deslocado para o *chakra* cardíaco. Segure a respiração... conte até três.
13. Solte a respiração devagar, sentindo que, de seu *chakra* cardíaco está saindo uma *Luz branca.*
14. Continue respirando... tranqüilamente... confortavelmente.
15. Agora pense na causa de sua dor e a visualize como uma semente no seu coração. Continue expirando a Luz verde.
16. Expire a Luz branca. Você está usando a Energia Universal, a Luz e o Poder de Deus para ajudá-lo a liberar sua dor.

17. À medida que você exala a Luz branca, sinta que ela vai tomando forma a seu redor.
18. E, enquanto a forma se manifesta, você sente o conforto de algo maior e... se depara com seu Mestre Interior. Sinta que sua Luz, poder e amor o envolvem.
19. Sinta seu Mestre lhe abrindo os braços e acolhendo amorosamente. Peça que sua dor seja curada, peça clareza de pensamento e de ação. Peça forças para dissolver e eliminar as causas dessa dor de sua vida. Peça uma nova direção sem dor.
20. Sinta seu Mestre lhe mostrando uma nuvem de um azul brilhante. Caminhe até ela e sinta-se penetrado por seus raios curativos. Sinta que eles fluem em cada célula de seu corpo. Continue assim até sentir que seu corpo se encheu completamente e que a energia azul acabou.
21. Sinta seu Mestre lhe mostrar uma nuvem de *Luz dourada*. Caminhe até ela e se deixe penetrar por seus raios curativos. Permita que a Luz dourada flua para cada célula de seu corpo. Continue até que a energia dourada se transfira integralmente para seu corpo.
22. Com um gesto seu Mestre o convida para caminhar com ele, e você o segue por uma passagem qual um túnel, um longo corredor. Neste, há muitas portas. Escolha a *porta dourada*. Vá para ela e a atravesse. Veja seu futuro imediato sem a dor emocional. Leve o tempo que achar necessário. Seu Mestre espera a seu lado para conduzi-lo de volta.
23. Agora, antes de deixar o recinto, agradeça a seu Mestre porque você já não tem mais dor. Agora volte pela porta dourada e retorne ao corredor.
24. Há outra nuvem azul no corredor e você se deixa envolver por essa Luz clara e tranqüilizadora. Sinta-se penetrado por ela e curado em todos os níveis.
25. Em continuação, olhe acima de sua cabeça e veja uma abóbada de Luz branca. É seu globo de Luz.
26. Sinta os seus pés novamente sobre a esfera de Luz verde. Sinta seu *chakra* básico e respire por ele.

27. Sinta, a seguir, seu *chakra* cardíaco inspirando e expirando Luz branca.
28. E focalize, então, sua atenção em novas sementes, novos caminhos, novos começos... Sinta-se pleno de alegria.
29. Agradeça de novo a seu Mestre pela ajuda e se despeça dele.
30. Registre a experiência.

TRABALHANDO O PAI E/OU A MÃE INTERIOR COM A LUZ

Pai *— usar Luz dourada.*
Mãe *— usar Luz prateada.*
Obs: Trabalhar um ou outro por vez.

1. Sente-se num lugar tranqüilo, no qual tem certeza de não ser interrompido.
2. Preste atenção à respiração e deixe que ela vá se tornando lenta e profunda.
3. Imagine sobre sua cabeça um raio de *Luz dourada* (ou prateada) que se desloca e cria um grande globo de Luz a seu redor.
4. Peça ajuda a seu Eu Superior para a experiência que vai realizar trabalhando seu *pai* e seu lado masculino (ou sua *mãe* e seu lado feminino).
5. Lembre que ninguém é totalmente masculino ou feminino e que vivemos em ambos os sexos ao longo de nossas muitas vidas.
6. Imagine que seu Eu Superior conecta, em você, diretamente no plexo solar, um tubo de *Luz violeta* que é como um aspirador de pó. Respire profundamente e, ao expirar, saiba que, pelo tubo, estão sendo levadas todas suas experiências negativas com a figura do *pai* e outras figuras masculinas (ou com a figura da *mãe* e outras figuras femininas).
7. Continue respirando, lenta, regular e profundamente e, a cada expiração, sinta mais e mais a negatividade acumulada sendo retirada de seu corpo.

8. Agora toda negatividade foi retirada. Você se sente leve.
9. O processo se inverte e seu Eu Superior passa a usar o tubo, mandando para você *Luz dourada (ou prateada)* que, vagarosamente, à medida que você inspira, passa a preencher todo seu corpo.
10. A *Luz dourada (ou prateada)* preenche todo seu corpo, você absorve um novo masculino(ou feminino).
11. Receba tanta Luz quanto for possível, até sentir seu corpo pulsando em uníssono com a Luz de seu Eu Superior. O tubo então desaparece e você sente que é apenas LUZ....
12. Sinta-se preenchido com força, alegria e paz. Deixe vibrar em você. Eu Sou Luz... Eu Sou Luz... Eu Sou Luz.
13. Permaneça alguns instantes com essa sensação e, quando estiver pronto, dissolva o tubo de Luz e retorne a seu aqui e agora.

TRABALHANDO O PERDÃO

Primeira Etapa: Para Dissolver o Ódio/Mágoa/Rancor/ Ressentimento que Você Tem

1. Sente-se confortavelmente num lugar, no qual tem certeza de não ser interrompido.
2. Respire tranqüila, regular e lentamente, prestando atenção à respiração.
3. Vá entrando em estado de relaxamento... sinta-se cada vez mais calmo... Sinta as tensões se dissolvendo em seu corpo.
4. Visualize um raio de *Luz branca* sobre sua cabeça. Visualize esse raio girando e formando um globo de Luz branca, brilhante, a seu redor. Sinta que este globo o contém e protege.
5. Visualize um caminho de Luz se formando, a partir de seu globo branco, até a pessoa de quem tem ódio/mágoa/rancor/ ressentimento.
6. Visualize essa pessoa caminhando por essa trilha de Luz, em sua direção. À medida que ela caminha, veja sua imagem mais e mais claramente.
7. Quando a pessoa entrar em seu globo de Luz, cumprimente-a e agradeça por ter atendido a seu chamado.
8. Visualize um cordão de Luz saindo do umbigo dela e outro cordão saindo do seu próprio umbigo. Observe que há um nó unindo ambas as pontas. Por esse cordão circula a ener-

gia de ódio/mágoa/rancor/ressentimento que mantém vocês dois atados.

9. Em voz alta ou só mentalmente, diga: *o ressentimento que guardo contra você por...* (enumere todas as razões), *eu agora o libero totalmente. Eu o perdôo.*
10. Visualize uma energia rosa-dourado, brilhante, saindo de seu coração, envolvendo e dissolvendo o cordão que liga vocês dois. Sinta que sua ligação com tal pessoa, através do velho sentimento de ódio/mágoa/rancor ou ressentimento, já não mais existe.
11. Dissolva o globo de Luz e retorne ao aqui e agora.

Este exercício deve ser repetido quantas vezes forem necessárias, até que todo o ressentimento seja esgotado.

Segunda Etapa: Dissolvendo o Ódio/Mágoa/Rancor/ Ressentimento que o Outro tem Contra Você

1. Sente-se confortavelmente num lugar, no qual tem certeza de não ser interrompido.
2. Respire tranqüila, regular e lentamente. Preste atenção à respiração e deixe que ela se torne profunda, regular e lenta. Vá entrando em estado de relaxamento...
3. Sinta-se cada vez mais calmo... mais relaxado...
4. Visualize um raio de Luz branca brilhante sobre sua cabeça. Visualize esse raio girando, formando um globo de Luz ao seu redor. Sinta que este globo o contém e protege.
5. Visualize um caminho de Luz se formando, a partir de seu globo branco, até a pessoa que lhe tem mágoa, rancor, ódio ou ressentimento. Convide-a, então, mentalmente, para vir até você.

6. Visualize essa pessoa caminhando por essa trilha de Luz, em sua direção. À medida que ela caminha, veja sua imagem definindo-se mais e mais, tornando-se bem nítida.
7. Quando a pessoa entrar em seu globo de Luz, cumprimente-a e agradeça por ter atendido ao seu chamado.
8. Visualize um cordão de Luz saindo de seu umbigo e outro do umbigo dela. Observe que há um nó unindo ambas as pontas. Por esse cordão circula a energia de ódio/mágoa/rancor/ressentimento que mantêm vocês dois atados.
9. Em voz alta, ou só mentalmente diga: *Fulano/a, o ressentimento que você tem contra mim por...* (enumere as razões), *por todas essas coisas das quais você guarda ressentimento contra mim, eu agora o perdôo, eu o liberto e o deixo ir.*
10. Visualize uma energia rosa-dourado, brilhante, saindo de seu coração, envolvendo e dissolvendo o cordão que liga vocês dois. Sinta que sua ligação com tal pessoa, através do velho sentimento de ódio/mágoa/rancor ou ressentimento, já não mais existe.
11. Agora dissolva o globo de Luz e retorne ao aqui e agora.

USANDO A LUZ PARA LIMPAR O RESSENTIMENTO

Essa meditação deve ser feita várias vezes.

- *para cada uma das pessoas, a quem se odeia ou de quem se tem profundo ressentimento;*
- *para os pais e para as figuras parentais;*
- *para o companheiro(a) ou o ex-companheiro(a).*

A altura em que a bola externa de Luz deve vibrar é de acordo com a situação trabalhada.

- *na altura do umbigo — para os pais, avós e figuras parentais;*
- *na altura do plexo solar — para as pessoas que afetaram a auto-estima e a autoconfiança;*
- *na altura do coração — para companheiros e amantes.*

1. Sente-se, quietamente, num lugar onde não possa ser interrompido.
2. Preste atenção a sua respiração e deixe que ela se torne profunda, regular e lenta.
3. Sinta um raio de *Luz branca*, brilhante, sobre sua cabeça e sinta que ele se move, formando um globo de proteção que o envolve inteiramente.

4. Sinta seu corpo se encher de *Luz violeta* e respire esta Luz, deixando que ela encha o seu corpo.
5. Visualize, fora de seu globo de Luz, uma bola de *fogo púrpura* brilhando como uma fornalha, e saiba que ela é um magneto para o ressentimento.
6. Continue respirando profundamente e concentre sua atenção no *coração/plexo solar/umbigo* (de acordo com a situação que está sendo trabalhada).
7. Comece a expelir o ressentimento por esse centro, ordenando a cada parte de seu corpo que solte o ressentimento relativo a cada situação.
8. Mantenha a consciência da *Luz violeta* em seu globo de Luz e em seu corpo e saiba que ela está trabalhando nos níveis mais profundos do seu ser para que o ressentimento seja dissolvido.
9. Mova a bola para suas costas, e deixe sair o ressentimento do qual você não tem consciência e que pode tê-lo levado a comportamentos distorcidos e ao vício.
10. Volte a bola para sua frente, e saiba que você liberou o que era possível neste momento.
11. Visualize o ressentimento sendo queimado na bola púrpura e deixe que ela queime até se consumir.
12. Visualize as cinzas penetrando a terra e peça que a energia seja transmutada e agradeça pela transmutação.
13. Dissolva o tubo de *Luz branca* e, devagar, retorne ao aqui e agora.

USANDO A LUZ PARA LIMPAR A RAIVA

1. Sente-se num lugar tranqüilo, onde não possa ser interrompido.
2. Sinta um raio de *Luz branca* sobre sua cabeça começando a se mover a seu redor e formando um imenso globo de Luz que o envolve e protege.
3. Continue respirando profunda, regular e lentamente.
4. Visualize fora de seu globo de Luz, uma bola de *Luz vermelha* e saiba que ela é um magneto para raiva e um depósito especial.
5. Comece a prestar atenção a cada parte de seu corpo, ordenando a saída da raiva.

- raiva que vive em minha cabeça, saia;
- raiva que vive em meus olhos, saia;
- raiva que vive em meus ouvidos, saia;
- raiva que vive em minha boca, em meus dentes, em minha língua, saia;
- raiva que vive em meu pescoço, saia;
- raiva que vive em meus ombros, saia;
- raiva que vive em meus pulmões, saia;
- raiva que vive em meu coração, saia;
- raiva que vive em meu estômago, saia;
- raiva que vive em meu fígado, saia;
- raiva que vive em meu baço, saia;
- raiva que vive em meu pâncreas, saia;

- raiva que vive em meus intestinos, saia;
- raiva que vive em meus rins, saia;
- raiva que vive em meus ossos, saia;
- raiva que vive no meu sangue, saia;
- raiva que vive em meu sistema respiratório, saia;
- raiva que vive em meu sistema urinário, saia;
- raiva que vive em minha coluna, saia;
- raiva que vive em meus músculos, saia;
- raiva que vive em meus braços e mãos, saia;
- raiva que vive em minhas pernas e pés, saia;

- Toda raiva que vive em mim, em qualquer lugar de meu corpo, saia.

6. Sinta a raiva saindo de seu corpo e indo para a bola de *Luz vermelha*.
7. Sinta seu globo se encher de *Luz branca*, brilhante, e respire esta Luz até sentir que o seu corpo está pleno dela.
8. Deixe esta Luz passar o seu corpo, atravessar o globo e atingir a bola vermelha.
9. Visualize a *Luz branca* que, ao contato com a bola vermelha, vai mudando de cor, até se tornar rosa, a cor do amor.
10. Mande essa energia para onde você acha que o amor é necessário.
11. Dissolva o globo branco e, devagar, retorne ao aqui e agora.

USANDO A LUZ PARA LIMPAR A RAIVA DE ALGO ESPECÍFICO

1. Sente-se num lugar, no qual sabe que não será interrompido.
2. Comece a prestar atenção a sua respiração e deixe que ela se torne lenta e profunda.
3. Imagine um raio de *Luz branca* sobre sua cabeça e faça com que se desloque e forme um imenso globo de Luz a seu redor. Ele o envolve e protege.
4. Visualize, agora, fora de seu globo de Luz branca, uma pequena bola de Luz vermelha. Ela é um magneto e um depósito especial para a raiva.
5. Relembre o incidente que deixou você zangado, sinta a raiva. Relembre todos os detalhes... a pessoa que causou a raiva.
6. Sinta a raiva saindo de você e indo para a bola vermelha e sinta, inclusive, que a imagem da pessoa (ou pessoas) que a causou também está lá.
7. Agora que toda a raiva passou para a bola vermelha, sinta o seu globo radiante de Luz branca, brilhante. Respire essa Luz, respire mais e mais... Deixe a Luz penetrar em você e preencher o seu corpo.
8. Agora que seu corpo absorveu toda a energia branca, sinta que ela começa a sair, atravessa o globo e penetra a bola vermelha.

9. Visualize a bola vermelha ir se modificando, gradativamente, ao contato com a Luz branca, e se tornando rosa, o rosa da energia amorosa.
10. A bola rosa começa a sumir... sumir... como se fosse de vapor. Deixe que ela desapareça ou, conscientemente, mande-a como um presente para a pessoa ou pessoas com quem você se conectou ou, ainda, para algum lugar onde saiba que o amor fará bem.
11. Dissolva agora o globo branco, faça pequenos movimentos e retorne a seu aqui e agora.

USANDO A LUZ PARA LIMPAR AS TOXINAS DO CORPO

Para Liberar:

- *resíduos de álcool, drogas, açúcar, nicotina e outros resíduos químicos que permanecem por longo tempo após se parar de usar a substância viciante;*
- *envenenamento com produtos industriais;*
- *resíduos de medicamentos e de aditivos aos alimentos.*

1. Sente-se, quietamente, num lugar onde sabe que não vai ser interrompido.
2. Imagine um raio de *Luz branca*, brilhante, sobre sua cabeça. Sinta o raio se deslocando, cercando-o e formando um imenso globo de Luz.
3. Preste atenção a sua respiração, deixando que ela se torne cada vez mais pausada, profunda, mais lenta.
4. Agora dirija a atenção para seu coração, sinta seu ritmo, seus batimentos; sinta-o bombear o sangue.
5. Visualize, agora, seu globo de Luz se enchendo de uma *Luz verde*, tênue como uma poeira.
6. Sinta que você respira esta poeira verde, da cor verde dos campos, e sinta que seu coração a bombeia. Sinta essa poeira de *Luz verde* se distribuindo por todo seu sistema circula-

tório, desde as artérias e veias principais até os mais finos capilares.

7. Sinta essa energia verde retirando os resíduos tóxicos de seu organismo... retirando as tensões.
8. Perceba, então, todo seu sistema de limpeza corporal sendo ativado para ajudar a eliminar as tensões e toxinas físicas e emocionais... sinta as toxinas saindo pelos poros... pelos canais lacrimais... pelo sistema excretor... pelo sistema urinário...
9. Sinta enfim, que as toxinas que saem pelos seus poros parecem uma poeira escura e que esta poeira é absorvida pela *Luz branca* de seu globo. Esta poeira contém sua raiva, sua culpa, sua sensação de desamparo, seu ressentimento e a dor de suas perdas...
10. Permaneça respirando, até sentir que a limpeza se completou, ficando seu corpo limpo e em bom nível de energia.
11. Devagar, vá tomando contato com seu corpo físico, fazendo pequenos movimentos e retornando a seu aqui e agora.

ATENÇÃO:

- *Depois desse exercício é conveniente observar se a bexiga e intestinos precisam ser esvaziados. Atenção especial deve ser dada à bexiga e à eliminação de toxinas pelos rins. É conveniente beber bastante água após o exercício para facilitar a eliminação das toxinas pelos rins.*
- *Para recarregar, fortificar e revivificar o corpo, repita o exercício usando a* Luz laranja.

TRABALHANDO COM A LUZ AO NÍVEL DA ALMA

1. Sente-se com a coluna ereta, num lugar onde não vai ser interrompido.
2. Inspire e expire. Inspire e expire. Inspire e expire.
3. Continue respirando tranqüila, regular e lentamente e, ao expirar, imagine que todas as toxinas saem de seu corpo e, também, o fardo de seus problemas.
4. Deixe os pensamentos passarem... Não se apegue...
5. Traga sua atenção para um ponto acima de sua cabeça e sinta-se como se estivesse embaixo de uma cachoeira de *Luz violeta*.
6. Deixe essa *Luz violeta* penetrar a sua cabeça e sinta que essa Luz tem o poder de dissolver todos seus bloqueios físicos, mentais e emocionais.
7. Sinta a *Luz violeta* se movendo em espirais em sua cabeça, externa e internamente, fazendo uma purificação completa.
8. A Luz continua a se expandir e trabalha seu pescoço, sua nuca, se espalha pelas omoplatas, pelos braços e mãos e vai até os dedos.
9. Sinta agora a *Luz violeta* envolvendo suas vértebras dorsais e seu peito — seu coração, seus pulmões, sua caixa torácica, seu fígado, seu baço, seu estômago, a vesícula biliar e o pâncreas. *Se você tiver alguma doença física em qualquer desses órgãos deixe, conscientemente, a Luz ficar mais tempo sobre ele.*

10. A *Luz violeta* continua a envolver seu corpo e desce para os intestinos, os rins e as supra-renais a suas costas.
11. Sinta a *Luz violeta* limpando seu baixo-ventre, seus órgãos sexuais, a bexiga e o ânus.
12. Sinta a Luz envolvendo os ossos de sua pélvis, se bifurcando e descendo pelas coxas, joelhos, pernas, tornozelos e pés, chegando até os dedos.
13. Com os olhos de sua mente observe que você está completa e totalmente envolvido por espirais de *Luz violeta.*
14. Agora você começa a ver sair, pelos dedos dos pés e penetrando a terra, as toxinas, os bloqueios, os pesos da vida material, os sentimentos negativos, os pensamentos negativos.
15. Continue respirando tranqüila, regular e lentamente, a sentir como o ar penetra melhor seu corpo purificado.
16. Você está, agora, aberto a novas energias, a energias mais sutis, depois de passar pela purificadora *Luz violeta*.
17. Continue respirando tranqüila, regular e lentamente.
18. *Traga à memória uma ou algumas das experiências que lhe causaram sofrimento* — uma perda amorosa, uma perda financeira, uma gravidez indesejada, um aborto, o alcoolismo de algum familiar.
19. Volte, então, a sua atenção para seu coração físico e perceba o pulsar da Grande Vida do Universo em seu corpo e sinta como esses problemas que continuam sem solução, ao nível de sua Alma, afetam seu coração.
20. *Você pode ter reações físicas ou emocionais neste momento, por conta das energias ligadas a esses fatos. Mantenha-se firme em seu interior e se conscientize de que esses eventos pertencem ao passado; que, aqui e agora, você é pura energia de amor.*
21. Sinta, agora, descendo sobre sua cabeça uma *Luz branca* brilhante que se irradia do topo da cabeça e flui até os pés, enchendo todas suas células.
22. Sinta essa *Luz branca* dissolvendo as mágoas, dores, tristezas e ressentimentos de seu coração. *Aceite as lágrimas*

de seu coração e sinta que elas o tornam mais leve, mais brilhante e mais radioso. Sinta uma radiosa sensação de calor.

23. Volte a atenção para seu ventre e deixe vir à tona os sentimentos de culpa, de auto-reprovação, de auto-rejeição, de rejeição dos outros, de impotência...
24. Deixe a *Luz branca* lavar esses sentimentos e sinta que uma onda de sinceridade se expande em você.
25. Volte, então, sua atenção para seu sexo e sinta as antigas tensões, resistências, dores e cicatrizes. Deixe que a *Luz branca* amorosamente cuide delas. Permita-se ser envolvido por essa Luz em total confiança e deixe que ela faça uma massagem em seu interior, que lhe lave como se fosse uma ducha, dissolvendo tudo.
26. Deixe o passado ir embora, deixe as lembranças dolorosas saírem de suas células, deixe serem dissolvidos os bloqueios emocionais que têm algo a ver com aquilo que lhe parece ser um destino não cumprido.
27. Deixe tudo desaparecer na imensidão do universo... deixe tudo sumir como se fosse uma fumaça dentro dessa *Luz branca*.
28. Volte novamente a atenção para sua cabeça e sinta que agora a cachoeira de Luz mudou de cor e que uma *Luz dourada* desce sobre sua cabeça e enche seu corpo. Conscientize-se de que essa Luz divina tem o poder de trabalhar em todos os níveis, em todas as dimensões.
29. A *Luz dourada* começa, agora, a encher sua cabeça e você experimenta a alegria de viver.
30. A *Luz dourada* desce por seu pescoço e ombros e se espalha por seus braços e mãos e você sente um formigamento gostoso se espalhando pelo corpo.
31. A *Luz dourada* desce, em seguida, pelo tórax, enche a caixa torácica, enche seus pulmões, coração, timo, estômago, fígado, pâncreas, baço...
32. *Se há algum órgão que você queira trabalhar mais... deixe conscientemente a* Luz dourada *descer sobre ele.*

33. A *Luz dourada* envolve seus intestinos, bexiga, órgãos sexuais, circula por seu corpo, envolve suas vértebras, seus rins, supra-renais e adrenais.
34. A *Luz dourada* se divide e desce pelas pernas, envolvendo as coxas, os joelhos, os tornozelos, os pés, os dedos e, fluindo pelos dedos dos pés, penetra a terra.
35. Volte agora sua atenção para seu 3º olho e imagine que a *Luz dourada se expande para além de seu corpo físico.*
36. Uma cor vai se destacar no seu 3º olho e vai fluir por todas suas células e para além de seu corpo físico. Essa é a cor de Luz de que você mais necessita agora.
37. Deixe essa Luz se expandir mais e mais, e permaneça quietamente nela, sentindo-se curada, amada, protegida, serena, viva, desperta, feliz.
38. Quando se sentir pronto, volte ao aqui e agora. Mexa os pés, as mãos, se espreguice.

Obs.: Esse exercício é excelente para pessoas que sofreram abuso físico/sexual e para pessoas que desenvolveram doenças cujas causas podem ser atribuídas aos vícios.

ABENÇOANDO O UNIVERSO

1. Sente-se num lugar onde tenha certeza de que não vai ser interrompido. Use incenso e música se quiser.
2. Comece a ficar atento à sua respiração e vá dando ritmo a ela... inspire e expire, inspire e expire.
3. Volte a atenção para um ponto acima de sua cabeça e veja um fio de *Luz branca,* brilhante, que começa a girar a seu redor e forma um globo de Luz.
4. Respire essa Luz e ao expirar sinta que sai de suas narinas uma fumaça escura, resultante da queima de suas negatividades — suas mágoas, dores, tristezas, ressentimentos, ódios...
5. Sinta que a fumaça escura, ao contato com a *Luz branca* de seu globo, se transforma em cinzas que são absorvidas pela terra para serem transformadas pelas hostes angelicais em energia utilizável em benefício de toda a humanidade.
6. Você liberou tudo o que podia... continue respirando.
7. Volte a atenção para seu coração e o visualize como o botão de uma flor de um tom rosa dourado brilhante.
8. Continue respirando e sinta que esse botão se abre numa flor de mil pétalas.
9. Com as mãos de sua mente segure essa flor e a traga até acima de sua cabeça.
10. Gire a flor de modo a que seu centro esteja na direção de seu *chakra coronário*, no topo de sua cabeça.
11. Conscientize-se de que essa flor contém toda a energia de amor que está em você e que você não precisa buscar amor e apoio fora de si.

12. Sinta que nesse momento a flor se desmancha numa chuva de Luz que preenche cada uma das suas células e enche você de uma nova vida, de uma onda de amor imenso.
13. Sinta essa energia se expandindo, ultrapassando os limites de seu corpo físico, preenchendo o ambiente onde se encontra, o prédio onde está... Sinta que à medida que essa Luz se expande, ela vai impregnando tudo o que toca com a *Luz rosa* do profundo amor universal.
14. Sinta a *Luz rosa* se expandindo e enchendo todos os interespaços da rua... do bairro.... da cidade.
15. Sinta que essa Luz está tocando e transformando todas as pessoas que neste momento estão em sua cidade — que as pessoas que neste momento precisam de cura, estão recebendo a cura, que as pessoas que necessitam de comida, estão recebendo alimento; que as pessoas que precisam de justiça, estão encontrando justiça; que as pessoas que precisam de amor estão encontrando amor... Sinta essa Luz envolvendo as crianças que estão na rua... Os adolescentes que estão se prostituindo... Sinta que ela envolve os encarcerados, os agonizantes...
16. Sinta a Luz envolvendo os policiais, os motoristas de ônibus, os ambulantes... Sinta que ela envolve os comerciantes, os médicos e paramédicos que nesse momento trabalham... Sinta que ela atinge os legisladores, os governantes.
17. Sinta e saiba que cada pessoa que é tocada por essa Luz passa a irradiá-la para mais e mais pessoas, até que todo o país esteja envolto nessa Luz.
18. Sinta a Luz se espalhando mais e mais, envolvendo todo o planeta Terra, e que se expandindo, a partir da Terra, envolve todo o universo.
19. Sinta que nesse momento você é Um com o Todo, e está em profunda paz.
20. Permaneça quietamente, pelo tempo que quiser, vivenciando esse sentimento profundo de unidade.
21. Devagarinho volte ao aqui e agora.

TRABALHANDO E MEDITANDO COM CRISTAIS

O uso dos cristais nos permite alcançar os mesmos níveis de consciência que se atinge ao se usar substâncias viciantes e com a vantagem de que esses níveis são atingidos sem efeitos danosos para a saúde física ou psíquica.

A alteração do estado de consciência é uma função do cérebro, que possui dois hemisférios, cada qual processando de forma própria as informações. Assim:

- *Hemisfério direito* controla o lado esquerdo do corpo e é mais fluido, espacial e visualmente orientado;
- *Hemisfério esquerdo* controla o lado direito do corpo e é mais linear, verbal e temporalmente orientado.

No início do tratamento pode haver dificuldade de se sentir a energia dos cristais. Isto só vai ocorrer quando o processo de desintoxicação estiver em curso e possibilitar a percepção no nível sutil. A freqüência e o ritmo do trabalho são importantes. Os cristais devem ser sentidos como tendo "vida". Eles serão usados nas mãos ou no corpo, possibilitando a absorção de uma energia mais sutil e uma alteração no campo energético. Mesmo que a pessoa não tenha a percepção da alteração do campo energético, no começo do trabalho, ela acontecerá. Da mesma forma que com a visualização é importante que se façam os exercícios. Uma forma de se sensibilizar a sua energia é pegar um pequeno bastão e girá-lo no centro da palma da mão. Deixá-lo, nesse movimento, circular por alguns minutos, e, depois, afastar o cristal da mão, girando-o ainda. Um leve formigamento indicará que se está sensível à energia do cristal. E afastando-se o bastão da mão, se sentirá, em algum ponto, que o contato acabou. Através das palmas das mãos, a energia desses cristais será absorvida e se distribuirá no campo energético.

Estão sendo propostos exercícios usando os seguintes cristais:

Ametista — A ametista é um cristal facilmente encontrado no Brasil. Sua cor varia do violeta ao púrpura. Seu nome deriva do grego *amethustos*, que significa "sem álcool", o que reflete a antiga crença de que essa é uma pedra que protege da embriaguez. Ela é uma pedra citada por inúmeros curadores, que a usavam para facilitar as curas e fornecer energia durante os períodos de desgate físico. Seu uso permite aumentar a clareza mental e fortificar a vontade de modo a que se possa proceder às mudanças de hábitos, equilibrar os hemisférios cerebrais, os níveis de açúcar no sangue, dissolver os tecidos gordurosos, trabalhar a baixa auto-estima, a falta de centramento, bem como atividade hipercinética.

Aventurina — A aventurina é um cristal encontrado nas cores azul, marrom, vermelho e verde. É comum no Brasil. Seu nome vem do italiano *aventura* isto é "sorte". No Tibete é usado para problemas de visão e para melhorar a percepção. Esta pedra trabalha os corpos etérico, emocional e mental. Seu uso permite aliviar a ansiedade e os medos, particularmente os medos gerados na infância, desenvolver a tranqüilidade emocional e uma atitude positiva na vida, melhorar o trabalho de visualização e meditação e trabalhar na abertura dos *chakras* do coração e da garganta.

Fluorita — A fluorita é encontrada nas cores azul, marrom, verde, púrpura, vermelha, branca ou transparente. Seu nome deriva do latim *fluere,* isto é, "fluir", porque a fluorita derrete facilmente. Ela tem vários usos para a saúde — em doenças de desmineralização, como a osteoporose, e no fortalecimento de tecidos ósseos. Trata ainda os pulmões e o fígado e, no plano psicológico, atua no comportamento hipercinético, na ansiedade e na frustração sexual.

Lápis-lazúli — Seu nome deriva da palavra latina *lapis* que significa "pedra", e da árabe *lazaward* que significa "céu" e "azul". Ela estimula a clareza mental e a disciplina interior e fortalece os corpos sutis. Estimula a tireóide liberando, em conseqüência, a ansiedade e a tensão. Trabalha a região da garganta e é um limpador psíquico potente. Ajuda a alinhar os corpos sutis e estimula a expressão pessoal. É um excelente amplificador e auxiliar de meditação e fornece apoio para a liberação das pessoas envergonhadas e isoladas.

Quartzo branco (transparente ou fosco) — É um dos cristais mais facilmente encontrado no Brasil. Seu nome parece derivar do grego *krustallos,* que significa "gelo", porque os antigos acreditavam que ele provinha do gelo das montanhas, solidificado pelos deuses. O quartzo é usado como ponto focal em meditações e para remover formas-pensamento negativas/densas. Ele amplifica as propriedades cristaliniformes do corpo localizadas no sistema circulatório e no tecido gorduroso, linfa, sistema nervoso e pineal. Trabalha os extremos emocionais, alinha os corpos etérico e emocional/astral e equilibra os segundo e sexto *chakras,* permitindo que os sentimentos sejam expressados.

Quartzo fumê — Este é um cristal cuja cor varia do marrom ao preto, e seu esfumaçado é resultante de ferro, titânio e carbono. Há quartzo fumê irradiado artificialmente e este não deve ser usado para cura. Meditações com esse cristal ajudam a remover as formas-pensamento negativas. Ele ajuda a liberar a depressão e alinha os corpos astral, mental e etérico e trabalha os três *chakras* inferiores.

Quartzo rosa — A cor rósea desse cristal é dada pelo manganês. É uma pedra facilmente encontrada no Brasil. Na cura, ele trabalha os genitais, coração, rins, fígado e pulmões. Trabalha as desordens sexuais, a leucemia, as dificuldades circulatórias, particularmente a constrição dos vasos sangüíneos.

Dificuldades com a figura do pai, a raiva e a tensão são também trabalhadas por este cristal, que também atua sobre os *chakras* do coração e da garganta e alinha os corpos emocional e mental.

Para se Re-Abrir à Visão e ao Propósito de Vida

Cristais

- quartzo branco
- quartzo rosa
- fluorita

Duração: 5 a 6 minutos

1. Procure um lugar onde possa sentar-se quietamente e com a certeza de que não será interrompido.
2. Sinta um raio de *Luz branca* brilhando sobre sua cabeça e sinta esse raio se deslocando e formando um imenso globo de Luz a seu redor.
3. Sinta o pulsar da energia do globo e vá aprofundando a respiração. Deixe que sua respiração se torne tranqüila, regular, lenta e profunda.
4. Ponha o quartzo branco sobre o umbigo; o quartzo rosa sobre o coração. Ponha a fluorita sobre o 3º olho.

5. Continue respirando lentamente e sinta as energias cristalinas entrando em seu corpo, como um *tape* num aparelho de vídeo.
6. Preste atenção a cada uma das pedras, sentindo seu pulsar. Sinta que elas estão modificando sua energia. Sinta que elas estão se aprofundando mais e mais, abrindo novas perspectivas que estavam ocultas ou esquecidas.
7. Permaneça respirando, observando as mudanças de energia. Não se apegue a pensamentos, sentimentos, imagens... Deixe-se penetrar pela energia.
8. Agora, que a experiência está completa e que você absorveu a energia possível, então comece lentamente a voltar ao aqui e agora.
9. Registre, se quiser, as impressões ocorridas.

Para Normalizar as Ondas Cerebrais

Cristais — *Com mais de 2,5cm, pontiagudos ou não, polidos ou não.*

- *quartzo branco*
- *quartzo fumê*
- *lápis-lazúli*

As pedras devem ser limpas com água e sal (imersão por algumas horas) e defumadas com sálvia ou, pelos iniciados ao Sistema Usui de Cura Natural, limpas com REIKI.

DURAÇÃO:

10 - 15 minutos uma vez ao dia na 1ª semana
10 - 15 minutos duas vezes ao dia na 2ª semana
10 - 15 minutos três vezes ao dia na 3ª semana

1. Procure um lugar onde possa sentar-se quieto, sem ser interrompido.
2. Preste atenção a sua respiração, deixando que se torne profunda, regular e lenta.
3. Imagine um raio de *Luz branca*, brilhante, sobre sua cabeça. Sinta esse raio envolvendo-o e formando um globo de Luz a seu redor.
4. Sinta o globo de Luz, permaneça nele, calmo, respirando profunda, regular e lentamente.
5. Ponha o quartzo fumê no osso púbico; ponha o lápis-lazúli sobre o 3º olho; ponha o quartzo branco no coronário (se usar cristal pontiagudo direcione a ponta para o nariz).
6. Continue respirando fundo e sinta as pedras entrando em seu corpo, como se fossem *tapes* sendo colocados no aparelho de vídeo.
7. Sinta o pulsar da energia das pedras, sinta que a energia está se movendo, resincronizando, restabelecendo a freqüência vibratória e o equilíbrio de seu corpo.
8. Qualquer que seja a imagem, o sentimento ou o pensamento que lhe ocorrer neste momento, não se apegue. Deixe-o ir, sabendo que é parte de seu processo de cura.
9. Sinta que estas pedras o reequilibram, o religam ao ritmo normal, ao ritmo de seu corpo físico e de seus corpos sutis, antes de você se viciar.
10. Perceba que você está sendo purificado e aceite os caminhos que usou e o fizeram crescer e ter as experiências que, agora, se integram em sua vida. Sinta que nada se perdeu porque você aprendeu com tudo isso. Sinta que está usando as dores e problemas do vício para crescer e sinta as pedras transmutando a dor em experiências.
11. Permaneça, quietamente, respirando e sentindo a experiência.
12. Agora que a transmutação está feita, dissolva o globo de Luz e, com cuidado, fazendo pequenos movimentos, volte ao aqui e agora.

Apoiando o Processo de Cura

Cristais

- aventurina
- quartzo branco
- quartzo fumê
- quartzo rosa

1. Procure um lugar onde possa sentar-se quieto, sem ser interrompido.
2. Respire calmamente, deixando que sua respiração se torne profunda, regular e lenta.
3. Imagine um raio de *Luz branca*, brilhante, sobre sua cabeça e sinta que esse raio começa a formar um globo de Luz que o envolve e protege.
4. Continue aprofundando a respiração e ponha as pedras sobre o corpo:

- sobre o 3º olho, o quartzo branco;
- sobre o osso púbico, o quartzo fumê;
- sobre o coração, o quartzo rosa; e
- sobre o timo, a aventurina.

5. Continue respirando calmamente e, ao inspirar, perceba a energia das pedras entrando em seu corpo e curando. Ao expirar, sinta os bloqueios físicos e emocionais saindo de seu corpo, sendo liberados através das pedras.
6. Veja se há algum órgão específico precisando de cuidado e coloque a aventurina sobre ele. Observe de modo especial o coração, o fígado, o pâncreas, o estômago, os pulmões e os rins.
7. Permaneça na experiência por alguns minutos, respirando, atento às mudanças e sentindo a energia de cura se espalhar e se aprofundar em seu corpo.

8. Agora que já absorveu a energia possível para este momento, dissolva o globo de luz e comece a tomar contato com seu aqui e agora.

ATENÇÃO: As pedras, após o trabalho, devem ser mergulhadas em água e sal por mais ou menos duas horas e, de preferência, limpas com incenso ou sálvia. Os iniciados ao Sistema Usui de Cura Natural podem usar a energia REIKI como ensinado pelos seus Mestres.

Apoiando o Crescimento

Cristais

- quartzo branco
- quartzo fumê
- ametista

1. Procure um lugar onde possa sentar-se tranqüilo e ter a certeza de não ser interrompido.
2. Preste atenção à respiração e a torne profunda, regular e lenta.
3. Imagine um raio de *Luz branca*, brilhando sobre sua cabeça, que se move em forma de imenso globo de Luz a seu redor.
4. Sinta-se protegido e envolvido por esse globo e continue respirando.
5. Ponha a ametista sobre o 3º olho. (*Se for um cristal de ponta, observe como se sente melhor — se com a ponta direcionada para seu nariz ou para fora da cabeça.*)
6. Tome o cristal branco na mão direita e o fumê na esquerda.
7. Continue respirando e deixe que em sua tela mental se formem imagens das mudanças que você quer que ocorram em

sua vida. Você não precisa "ver", necessariamente. Se preferir, fale sobre essas mudanças.
8. Deixe que o sentimento de alegria de mudar se instale e se torne forte. Veja-se, sinta-se, ouça-se, feliz e alegre com as mudanças.
9. Agora que sua ametista está programada para apoiar seu processo e seu desejo de mudar, dissolva o globo de Luz e, devagar, volte ao aqui e agora.

ATENÇÃO:

- *Esse exercício vai programar a ametista que pode ser carregada junto ao corpo, ou mesmo no bolso.*
- *Os outros cristais devem ser limpos com água e sal e incenso ou sálvia, ou com REIKI, antes de serem reutilizados.*

TRABALHANDO OS VÍCIOS

Exercício Para Qualquer Vício

(Observando os Efeitos das Substâncias Viciantes)

1. Sente-se num lugar tranqüilo e se certifique de que não vai ser interrompido.
2. Preste atenção a sua respiração e procure torná-la profunda, regular e lenta.
3. Visualize sobre sua cabeça um raio de *Luz branca-dourada*, brilhante, que gira rapidamente a seu redor gerando um globo de Luz que o contém e protege.
4. Visualize a substância em que é viciado do lado de fora do globo de Luz. Se você é viciado em álcool, visualize um copo cheio de sua bebida favorita. Se, viciado em fumo, veja o cigarro. Se, viciado em maconha, o baseado. Ou o pó, se é viciado em cocaína.
5. Traga a substância para perto do globo de Luz e observe o que acontece com o seu globo. (A Luz pode se reduzir, o globo pode mudar... cada um terá uma sensação sua. Não há certo ou errado.)
6. Mova a substância para longe do tubo e, novamente, veja o que acontece.
7. Faça a experiência algumas vezes... Aproxime a substância do globo de Luz... observe o que acontece... Afaste a substância e observe as mudanças...

8. Perceba o que acontece a seu corpo quando você aproxima de si a substância em que é viciado. Observe qual é a parte de seu corpo que vai mudar... Observe seus sentimentos.
9. Em sua mente, libere a substância viciante. Veja-a se dissolvendo.
10. Agora torne a sentir seu globo de Luz. Observe a diferença. Analise o que mudou.
12. Lentamente volte ao aqui e agora.

Vício da Cafeína

Exercício Que Pode Ser Feito Durante o Trabalho

1. Sente-se quietamente, onde não possa ser incomodado. Respire fundo.
2. Ponha a palma da mão direita sobre o *chakra básico* e a mão esquerda sobre o 3º olho.
3. Respire e sinta a energia circulando entre esses dois pontos.
4. Quando sentir a energia se movendo facilmente entre os dois *chakras*, traga as duas mãos para o plexo solar.
5. Respire profunda e pausadamente três vezes.
6. Volte ao trabalho.

Exercício para Eliminar os Efeitos Danosos da Cafeína

1. Prepare uma xícara de café (não serve café instantâneo). Pegue a xícara com as duas mãos, se for possível.

2. Vá para um lugar sossegado. Preferencialmente, com uma janela perto.
3. Sente-se calmamente e respire fundo algumas vezes.
4. Sinta um raio de *Luz branca* sobre sua cabeça e sinta esse raio se mover e formar um globo de Luz brilhante que o envolve e protege.
5. Procure olhar pela janela. Não observe nada em particular. Deixe seu olhar vagar e, lentamente, beba o café.
6. Perceba o café entrando em seu corpo, percorrendo seus canais de energia, até chegar ao *chakra básico*.
7. Sinta que o café, ao chegar ao *chakra básico*, solta uma quantidade enorme de energia laranja que sobe por seu corpo e lhe fornece toda energia de que você precisa para realizar suas tarefas cotidianas.
8. Visualize a energia subindo e se armazenando no plexo solar.
9. Quando se sentir completamente energizado, dissolva o globo de Luz e retorne, lentamente, ao aqui e agora.

ATENÇÃO:

- *não fazer o exercício mais de uma vez por dia; quando se sentir desenergizado volte à luz laranja e não ao café.*
- *O exercício também pode ser feito com grãos de café torrados nas palmas da mãos, a energia sendo absorvida pelos* chakras *das palmas das mãos e indo até o* chakra básico.

Exercício Para Quem é Viciado em Álcool

Este exercício deve ser feito quando:

- *houver vontade de beber;*
- *houver necessidade de equilibrar a energia, pôr para fora a raiva, a frustração.*

1. Sente-se num lugar tranqüilo onde tenha a certeza de que não vai ser interrompido.
2. Preste atenção à sua respiração e deixe que ela fique tranqüila, regular e lenta. Procure estabelecer ciclos de quatro tempos: inspire... segure o ar nos pulmões... expire... mantenha os pulmões vazios. (Faça alguns ciclos completos de respiração.)
3. Traga sua atenção para um ponto acima de sua cabeça e visualize um ponto de *Luz branca-dourada* brilhante. Visualize esse fio de Luz se deslocando rapidamente ao seu redor, gerando um globo de Luz que o contém e protege.
4. Sinta-se confortavelmente sentado nesse globo de Luz.
5. Imagine agora que seu globo bóia num imenso mar de *Luz dourada*.
6. Respire essa *Luz dourada* e sinta que ela enche todas suas células, todos seus órgãos. Sinta-se energizado por essa Luz.
7. Volte sua atenção para o seu coração. Sinta que ele está se enchendo dessa *Luz dourada* que o amplia até se tornar um sol interior.
8. Sinta que você encontrou seu lugar. Sinta que você pode sempre voltar a ele. Visualize-se mergulhando na Luz e que ela muda sua energia. Sinta que você pode usar sua energia de modo mais construtivo, de modo mais eficiente. Veja-se capaz de mudar, capaz de ter outra estrutura energética. Essa mudança só trará coisas boas para você. Através dela você pode alcançar o equilíbrio.
9. Sinta o globo de Luz se dissolvendo. Volte, calmamente, ao aqui e agora.

Exercício Para Quem é Viciado em Maconha

1. Sente-se num lugar tranqüilo, onde não possa ser interrompido.

2. Preste atenção a sua respiração, e deixe que ela se torne profunda, regular e lenta. Deixe-a ter ritmo — inspire... segure o ar nos pulmões... expire... mantenha o pulmão vazio... Faça quatro ou cinco ciclos completos de respiração.
3. Volte a atenção para um ponto acima de sua cabeça e visualize um fio de *Luz branca-dourada*, brilhante. Veja este fio girar a seu redor e formar um globo de Luz protetor.
4. Com os olhos de sua mente, olhe para o teto de seu globo e veja uma porta em forma de arco prateado. Esse é o arco que divide o mundo real do mundo dos sonhos.
5. Perceba esse arco dividindo seu mundo. Observe, do lado de cá, o mundo em que você vive e veja que ele é banhado por uma Luz clara que lhe permite ver coisas que nunca percebeu.
6. Sinta que você "sabe" o que acontece quando atravessa o arco... você mergulha no mundo dos sonhos... É muito parecido com o mundo em que você vive mas... a Luz lá é azul.
7. A porta prateada parece se tornar translúcida e lhe permite ver tudo o que se passa "do lado de lá"...
8. Dirija-se até a porta... Veja que ela se abre como se uma mão misteriosa estivesse a sua espera.
9. Observe as coisas que estão do lado de lá. Veja que a cadeira que você senta... quando banhada pela *Luz azul* tem um quê de... mistério... Ela parece... ter vida. Você sente como se essa cadeira pudesse... se levantar e... sair andando.
10. Coloque-se no centro do arco, observe os dois mundos. Sinta que esses dois mundos são seus e que você pode ficar em qualquer um deles, quando quiser. Observe que eles são o mesmo mundo, que apenas a Luz é diferente em cada um deles.
11. Sinta-se como cidadão de dois mundos.
12. Agora que você está se sentindo confortável nos dois mundos, perceba um arco descendo sobre sua cabeça. Veja que ele parece uma coroa ou uma tiara... que vai de orelha a orelha.
13. Lentamente, sinta que esse arco penetra em sua cabeça e vai, devagarinho, conectando seus dois hemisférios cerebrais.

14. Saiba que, ao conectar em si os dois hemisférios cerebrais, você conecta dois mundos — o da realidade e o do sonho. Sinta que quanto mais harmoniosa for essa conexão, maior a sua possibilidade de se manter inteiro em ambos os mundos.
15. Vá voltando devagar... Tome consciência da cadeira, mexa os pés, as mãos... Retorne ao aqui e agora.

Liberando as Drogas Sintéticas

Usar este exercício pelo menos uma vez a cada dez dias.

1. Sente-se num lugar tranqüilo e tenha a certeza de que não vai ser interrompido.
2. Preste atenção a sua respiração e deixe que ela fique profunda, regular e lenta.
3. Procure fazer vários ciclos completos de respiração — inspire... segure o ar no pulmão... expire... mantenha o pulmão vazio.
4. Visualize num ponto acima de sua cabeça um fio de *Luz branca*, brilhante, girando a seu redor e gerando um globo de Luz que o contenha e proteja.
5. Sinta segurança em seu globo de Luz. Sinta a proteção que ele lhe traz. Mergulhe fundo nessa sensação de estar perfeitamente seguro e protegido em seu globo de Luz.
6. Quando se sentir seguro deixe-se flutuar no seu globo de Luz. Como se você estivesse flutuando num mar infinito.
7. Esse é um local que lhe é completamente desconhecido. Pessoa alguma antes de você veio aqui. Não há Luz.
8. Mova-se na escuridão. Use todos os sentidos — escute... cheire... use o tato.... o paladar... Lembre-se de que, no mundo em que vivemos, dependemos muito dos olhos e esquecemos dos outros sentidos.

9. Na semi-escuridão, comece a perceber as coisas... Lembre-se de que o que quer que você veja... essas não são coisas reais a não ser na sua imaginação, na sua mente... e que algumas coisas lhe parecerão belas e outras, não.
10. Se você não conseguir permanecer calmo, tranqüilo, relaxado... este ainda não é o seu lugar. Volte para o lugar de onde veio. Lembre que nada pode ferir você a não ser aquilo que você criou na sua mente e se não se sente forte o bastante para se encarar... Volte...

(Se, porém, você se sente tranqüilo e capaz de encarar o seu mundo interior...)

11. Viaje... observe... escute... guarde suas impressões.
12. Agora, veja o mar desaparecendo.
13. Permaneça em seu globo. Sinta que ele está cheio de Luz. Sinta essa Luz entrando em você, preenchendo tudo, dentro e fora de você.
14. Permaneça mergulhado nessa Luz por tanto tempo quanto quiser.
15. Quando desejar, volte ao aqui e agora.

TRABALHANDO A AURA

Para Limpar a Aura da Energia dos Outros

Este é um exercício recomendado também para os terapeutas do RE-ABRIR O CORAÇÃO no final do dia de trabalho.

1. Sente-se num lugar calmo e tenha certeza que não vai ser interrompido. Mantenha a coluna ereta e em posição confortável.
2. Imagine uma *Luz branca*, brilhante, sobre sua cabeça. Essa Luz se desloca e forma um imenso globo de *Luz branca* brilhante, ao seu redor, protegendo-o.
3. Sinta que a Luz também formou um outro globo de Luz, exterior ao seu.
4. Ponha, neste segundo globo de Luz, as pessoas com quem esteve em contato durante o dia.
5. Preste atenção a seu plexo solar e sinta como se ele fosse um magneto imenso, que devolve a energia que as outras pessoas absorveram de você.
6. Peça, ao Eu Superior destas pessoas, que lhe transmita a energia de que precisa.
7. Imagine que o outro globo tem, em seu exterior, um magneto que tira de você a energia que absorveu das outras pessoas. Se tiver dificuldades com esse processo, imagine que

do seu globo branco cai uma chuva de Luz que limpa a sua aura.

8. Em seguida, veja o segundo globo se deslocando para suas costas e sinta ser retirada toda a energia que, inconscientemente, você absorveu.
9. Sinta seu Eu Superior dando-lhe a energia de que precisa.
10. Após se sentir energizado, dissolva o globo e retorne, calmamente, ao aqui e agora.

Meditação para Limpar a Aura

1. Sente-se num lugar tranqüilo, onde não vá ser interrompido.
2. Preste atenção a sua respiração. Respire calma, tranqüila e profundamente.
3. Imagine um raio de *Luz branca*, brilhante, sobre sua cabeça. Imagine esse raio se deslocando e formando um enorme globo de *Luz branca*, ao seu redor, que o envolve e protege.
4. Continue respirando profunda, regular e lentamente.
5. Imagine, agora que você tem uma escova grande, cilíndrica, como as escovas de lavar mamadeira. Imagine que ela é constituída de *Luz branca*, brilhante.
6. Divida sua aura em partes e comece a limpar, diligentemente, parte a parte, toda a negatividade da aura.
7. Gire a escova e limpe as costas. Vá girando a escova e limpando, até ter a sensação de que a aura está completamente limpa.
8. Agora, visualize a *Luz branca* de seu globo se desfazendo numa chuva de *Luz branca*, brilhante, carregando a negatividade, que ficou no globo, para o centro da Terra.
9. Permaneça na sensação de que a sua aura está limpa. Agora, devagar, vá fazendo pequenos movimentos e retornando a seu aqui e agora.

ATENÇÃO — há outras formas de se limpar a aura:

- *tomar banho com água, sal, bicarbonato de sódio e sais de Epson;*
- *queimar sálvia e "mergulhar" na fumaça (é um processo largamente usado pelos índios norte-americanos);*
- *em vez de imaginar a escova de Luz, pode ser usado um bastão de turmalina verde, girando na aura.*

Focalizando o Corpo Etérico

Esta meditação transmitirá vibrações de saúde ao corpo físico. O corpo etérico se renova a partir de níveis energéticos mais altos. O simples fato de se focalizar o corpo etérico faz com que ele se expanda.

1. Sente-se em um lugar onde tem certeza de que não será interrompido.
2. Respire profunda, regular e lentamente... Relaxe as tensões do corpo ao expirar.
3. Comece a focalizar sua consciência em seu corpo físico. Se sua mente começar a divagar, gentilmente a traga para o foco. Durante essa parte da meditação sua consciência estará no controle.
4. Agora, pense nos dedos dos pés. Concentre-se neles. Mova-os gentilmente.
5. Concentre, a seguir, a atenção nos pés, mova-os gentilmente.
6. Volte a atenção para os calcanhares. Gire-os primeiro para esquerda, depois para a direita.
7. Dirija, então, a atenção para as barrigas das pernas. Flexione os músculos. Relaxe. Mantenha o foco. Conte até três.
8. Volte sua atenção para os joelhos. Pare um momento e, conscientemente, ative a energia deles.

9. Focalize, agora, as coxas. Mantenha o foco. Conte até três e sinta-as relaxando.
10. Em seguida focalize o abdômen inferior. Sinta toda sua atenção nele. Sinta que o abdômen relaxa enquanto você conta até três.
11. Focalize a área do umbigo. Conte até três e relaxe.
12. Volte agora a atenção para o abdômen superior. Tome consciência de que você está focalizando uma área muito emocional. Relaxe o cinturão emocional.
13. Permaneça relaxado e consciente e mova sua atenção para o peito e, conseqüentemente, o coração. Deixe sua mente sentir essa área. Não se apresse. Relaxe e explore seu coração e pulmões. Mantenha a atenção e conte até três.
14. Agora focalize seus ombros. Mantenha a atenção por alguns segundos e, devagar, deixe-a deslizar pelos braços. Mantenha seu foco enquanto relaxa ossos e juntas e músculos. Relaxe o pulso e mova-os gentilmente. Relaxe as mãos.
15. Quando atingir as pontas dos dedos, reverta o fluxo e traga novamente a atenção para os ombros. Mova a focalização para a garganta. Relaxe o pescoço. Conte ate três... e relaxe a garganta.
16. Depois de focar a parte posterior da garganta, eleve sua atenção para a cabeça. Mantenha o foco na parte da garganta.
17. Dirija, então, sua atenção para os ouvidos. Explore ambos.
18. Focalize a língua, a boca, o palato, os dentes.
19. Vá agora com sua atenção para o alto da cabeça. Deixe-a explorar cada célula. Demore o tempo que achar necessário.
20. Deixe sua atenção sair do topo da cabeça e faça com que o foco venha para a frente de sua cabeça, sinta-se enchendo de *Luz branca*.
21. Deixe esta Luz cercá-lo. Sinta que ela se expande para cima de sua cabeça e para baixo de seus pés. Mantenha o foco e conte até quatro.
22. Perceba a *Luz branca* ao redor de seu corpo.

23. Centre a atenção no umbigo e inale amarelo, deixando a Luz penetrar em seu corpo.
24. Sinta a energia penetrando seu corpo e sinta raios dourados saindo do *chakra* do umbigo.
25. Enfim, sinta todo seu corpo. Todo ele está alerta e energético.
26. Inale verde e, ao expirar, relaxe.
27. Agradeça.
28. Retorne ao aqui e agora.

Reparando a Aura

1. Construa um globo de Luz.
2. Procure as partes onde há danos na aura — buracos, falhas ou os locais onde parece mais fina. Você pode vê-los — sinta o movimento de energia e sinta as diferenças de temperatura.
3. Onde há buracos, use emplastros de luz para preenchê-los. Faça um reparo completo.
4. Agora, imagine que você tem um rolo de pintor, construído de *Luz branca*, e um balde também de *Luz branca*.
5. Cubra o rolo com a *Luz branca* e deixe-o absorvê-la.
6. Pinte sua aura com a *Luz branca*.
7. Deixe secar.
8. Agradeça o brilho e a paz de sua recém-reparada aura.

PARTE III

ESSÊNCIAS FLORAIS E ELIXIRES DE CRISTAIS/GEMAS ESPECÍFICOS PARA A CURA DE VÍCIOS

ADVERTÊNCIAS

1. Os Diversos Sistemas de Essências Florais Estão Identificados no Corpo Deste Trabalho da Seguinte Forma:

SISTEMA	IDENTIFICAÇÃO
Bush Australiano	**AB**
BACH	**B**
Californiano	**C**
Desert Alchemy	**DA**
Havaiano	**H**

2. Estamos assumindo a hipótese de que os florais serão manipulados nas farmácias homeopáticas e lojas de produtos naturais, razão pela qual não estão sendo dadas indicações de manipulação.
3. Os florais indicados devem ser ministrados de forma sublingual. A prescrição é, em geral, para serem tomados quatro vezes ao dia, mas a critério do terapeuta podem ser ingeridos até de 15 em 15 minutos.
4. Alguns dos florais indicados são compostos pelo próprio fabricante.
5. Há a possibilidade de usar compostos de essências. Nesse caso, recomenda-se o uso de, no máximo, seis essências.
6. No caso dos sistemas Bush Australiano e Havaiano é aconselhável, quando do uso de uma composição, de se manter uma tônica, isto é, usar florais que tratem da mesma

coisa. Esses sistemas de essências florais têm um efeito surpreendentemente rápido que já se fazem sentir no segundo dia, e as essências, a menos quando explicitado diferentemente, devem ser usadas por cerca de duas semanas, no mínimo.

7. Não se pode saber, por antecipação, como o floral vai trabalhar na pessoa e quanto tempo de uso será necessário. Às vezes, são precisos vários meses e muitas combinações para se conseguir desmontar um padrão viciante ou desarmonioso. A terapia com essências florais é um *processo* de cura sutil e não um processo milagroso.
8. Pode ocorrer, como em outros processos terapêuticos, um agravamento da situação que se está tratando. Isto é chamado de "crise de cura" e resulta da vinda à consciência dos processos mentais e emocionais que mantêm a pessoa presa ao vício, à doença e à infelicidade.
9. Se a "crise de cura" se tornar extremamente desconfortável, é conveniente mudar a prescrição. A terapia com essências florais não deve provocar catarses espetaculares. Se há desconforto extremo isto é um sinal de que a consciência ainda não está pronta para processar os padrões desarmoniosos.

SECÇÃO I — DAS ESSÊNCIAS FLORAIS

1 – Essências Florais para Trabalhar o Vício da Cocaína e da Heroína

ESSÊNCIA/SISTEMA		APLICAÇÃO
• AGRIMONY	B	• Para quem usa drogas para se tornar agradável.
• ALOE VERA	C	• Para os desequilíbrios digestivos.
• ARNICA	C	• Para os danos ao corpo etérico.
• BABY BLUE EYES	C	• Para quando a droga é usada porque "o mundo é duro".
• BILLY GOAT PLUM	AB	• Para as distorções da sexualidade (excesso/carência). • Para as desordens alimentares que acontecem no processo do vício.
• BLACK EYED SUSAN	C	• Para os padrões de negação relacionados à comida. • Para diminuir o ritmo de vida e ter paz interior.
• BLEEDING HEART	C	• Para obter auto-suficiência emocional.

ESSÊNCIA/SISTEMA		APLICAÇÃO
• BUSH FUCHSIA	AB	• Para trabalhar a pineal (*chakra* da testa = percepção da luz).
• BUSH IRIS	AB	• Para o usuário de drogas liberar a força emocional reprimida.
• CALIFORNIA POPPY	C	• Para equilibrar pineal e pituitária. • Para olhar honestamente para si próprio em vez de escapar das emoções através das drogas.
• CALIFORNIA WILD ROSE	C	• Para aceitar o sofrimento da infância, contatar as forças do coração e sair do papel de vítima.
• CHAMOMILLE	C	• Para nervosismo. • Para limpeza emocional.
• CHAPARRAL	C	• Para desintoxicar. • Para liberar os escuros estados inconscientes.
• CHESTNUT BUD	B	• Para quebrar os padrões viciantes.
• CLEMATIS	B	• Para quem vive em ilusão. • Para espaciamento; falta de foco.
• CORN	C	• Para limpeza emocional. • Para combater a sensação de instabilidade. • Para viver melhor na coletividade. • Para obsessões e pesadelos. • Para limpeza do corpo astral. • Para intensificar o efeito de todas as outras essências.

ESSÊNCIA/SISTEMA		APLICAÇÃO
• DAGGER HAKEA	AB	• Para ajudar a expressar a amargura, o ressentimento e a raiva. • Para quem guarda ressentimentos e rancores antigos. • Para as dificuldades com a alimentação que surge com o uso de drogas. • Para o medo, o auto-ódio, a auto-rejeição.
• DANDELION	C	• Para soltar a tensão do físico. • Para hiperatividade.
• DILL	C	• Para o excesso de estimulação.
• DOGWOOD	C	• Para tendências autodestrutivas.
• GARLIC	C	• Para a ansiedade. • Para limpar os parasitos astrais.
• GOLDEN EAR DROPS	C	• Para liberar as memórias infantis e fazer aflorar os sentimentos que podem ter sido traumáticos à época.
• GOLDENROD	C	• Para quem cria barreiras aos contatos através de comportamento repulsivo. • Para os temores que se manifestam com o uso de dissimuladores da carga emocional. • Para quem faz uso do falso para chamar atenção e se proteger. • Para a dependência do apoio do outro. • Para dissolver as máscaras.
• IMPATIENS	B	• Para a agitação frenética.
• INDIAN PAINT BRUSH	C	• Para quem recebeu muita desaprovação quando criança.

ESSÊNCIA/SISTEMA		APLICAÇÃO
• INDIAN PINK	C	• Para o excesso de estimulação. • Para quem faz muitas coisas ao mesmo tempo.
• LAVENDER	C	• Para os bloqueios cármicos que impedem o desenvolvimento espiritual. • Para sedar os nervos superestimulados por drogas. • Para hipersensibilidade.
• LOTUS	C	• Para trabalhar os *chakras* do coração, do fígado, do baço e da coroa.[1]
• MADIA	C	• Para o *chakra* básico.
• MANZANITA	C	• Para quem está nas nuvens. • Para quem não se gosta. • Para as desordens, relativas à alimentação, por ingestão de cocaína.
• MARIPOSA LILY	C	• Para os viciados em processo de cura. • Para as feridas emocionais da infância.
• MORNING GLORY	C	• Para ajudar na desintoxicação pelo álcool, cocaína, anfetamina, açúcar, fumo, droga sintética. • Para os padrões erráticos de sono.
• MOUNTAIN PENNYROYAL	C	• Para quem se tornou suscetível à contaminação por entidades astrais. • Para pensamentos do tipo "não sou bom o bastante" absorvidos na infância.

[1]Os *chakras* do baço, fígado e timo são considerados *chakras* "secundários".

ESSÊNCIA/SISTEMA		APLICAÇÃO
• OREGON GRAPE	C	• Para quem nunca está satisfeito com o próprio desempenho. • Para superar as condições infantis que levam a esperar o pior dos outros.
• RESCUE	B	• Para caso de *overdose*.
• STAR OF BETHELEM	B	• Para quando há choques/perdas/traumas na origem do vício.
• SUNFLOWER	C	• Para a autoconfiança. • Para os viciados com sintomas físicos.
• WARATAH	AB	• Para caso de *overdose*. • Para quando os conteúdos psíquicos reprimidos explodem de modo descontrolado. • Para as situações de excesso de excitação dos viciados.
• WHITE CHESTNUT	B	• Para os estados pré-psicóticos. • Para a depressão. • Para induzir ao sono, quando pensamentos indesejados persistentes e diálogos internos torturantes impedem de dormir.

2 - Essências Florais para Tratar o Vício do Álcool

ESSÊNCIA/SISTEMA		APLICAÇÃO
• AGRIMONY	B	• Para quem usa álcool para esconder ou reprimir emoções profundas. • Para liberar o *chakra* bloqueado da garganta que impede a expressão das emoções. • Para adultos que foram crianças maltratadas/abusadas física e sexualmente. • Para a falta de assertividade. • Para edemas. • Para quem aceita a influência alheia, sem questionar, para evitar controvérsia.
• ALOE VERA	C	• Para selar as aberturas da aura.
• ASPEN	B	• Para a hipersensitividade mascarada pelo vício. • Para os acessos de ansiedade com tremores, arrepios e suor. • Para a síndrome de abstinência. • Para quem tem idéias obsessivas. • Para equilíbrio do corpo astral. • Para as viagens de "horror" na fase de abstinência.
• BANKSIA ROBUR	AB	• Para quem tem sentimento de derrota. • Para a depressão causada por perda afetiva.
• BAUHINIA	AB	• Para edemas. • Para quem tem resistência à mudança. • Para aprender a lidar com situações que irritam, sem ter que recorrer ao álcool.

ESSÊNCIA/SISTEMA		APLICAÇÃO
• BILLY GOAT PLUM	AB	• Para odores corporais decorrentes do abuso do álcool. • Para quem sofre de nojo e repugnância a si próprio. • Para quem foi violentado/abusado física ou sexualmente. • Para as distorções de sexualidade; excesso ou carência de sexo. • Para o ódio reprimido.
• BLEEDINGHEART	C	• Para curar antigas feridas emocionais. • Para liberar os apegos e as fixações emocionais. • Para quem se viciou após uma perda afetiva.
• BLUEBELL	AB	• Para quem está emocionalmente fechado e não consegue expressar amor e alegria, a menos quando bêbado/drogado. • Para abrir o coração e deixar as emoções aflorarem.
• BORONIA	AB	• Para quem tem autocompaixão e se tortura mentalmente. • Para ódio reprimido. • Para o desejo de controle por insegurança.
• BOTTLEBRUSH	AB	• Para esquecer o passado e se lançar ao novo. • Para acreditar na própria habilidade de lidar com o novo.
• BUSH IRIS	AB	• Para quem usa álcool, drogas ou sexo, a fim de liberar a força emocional reprimida. • Para se ter autoconsciência.

ESSÊNCIA/SISTEMA		APLICAÇÃO
• BUTTERCUP	C	• Para quem sofre de autodúvida. • Para ajudar na apreciação do autovalor. • Para quem tem sentimentos de desimportância e inadequação. • Para fortificar ou desenvolver a autoconfiança.
• CALENDULA	C	• Para quem mente.
• CALIFORNIA POPPY	C	• Para o abuso de drogas/álcool. • Para a liberação e integração de experiências de vidas passadas.
• CALIFÓRNIA WILD ROSE	C	• Para se viver aqui e agora. • Para as dificuldades de assumir tristezas e alegrias e, por isso, não aprofundar a experiência. • Para a alienação profunda. • Para aceitar o sofrimento da infância.
• CAYENNE	C	• Para ajudar na quebra de hábitos arraigados. • Para trazer mudanças rápidas • Para quando houver estagnação do processo terapêutico. • Para catalisar a vontade.
• CERATO	B	• Para a falta de autoconfiança. • Para a falta de confiança no próprio julgamento.
• CHAMOMILLE	C	• Para estimular a produção de endorfina. • Para a tensão muscular. • Para a insônia. • Para o nervosismo e a instabilidade emocional. • Para a raiva. • Para a limpeza emocional.

ESSÊNCIA/SISTEMA		APLICAÇÃO
• CHAPARRAL	C	• Para a desintoxicação do físico e do psíquico. • Para edemas gerados pelo abuso do álcool.
• CHERRY PLUM	B	• Para o impulso assassino repentino/violento.
• CHICORY	B	• Para a baixa auto-estima. • Para ciúmes. • Para o comportamento manipulativo. • Para a chantagem emocional. • Para os problemas do fígado. • Para o medo de ficar só. • Para aprender a perdoar. • Para a extrema vulnerabilidade à mágoa. • Para os rancorosos quando não sentem seus esforços retribuídos.
• CLEMATIS	B	• Para o espaciamento e a fuga da realidade. • Para o baixo instinto de conservação. • Para a obsessão.
• CRAB APPLE	B	• Para a limpeza física e emocional. • Para a limpeza de aura toldada pelo abuso do álcool/drogas. • Para o *chakra* sexual desequilibrado. • Para a vergonha.
• CROWEA	AB	• Para alinhar os corpos físico, emocional e etérico. • Para os medos indefinidos. • Para os sentimentos de inferioridade.

ESSÊNCIA/SISTEMA		APLICAÇÃO
• DAGGER HAKEA	AB	• Para os sentimentos profundos de revolta. • Para a amargura e sensação de ter sido tratado injustamente. • Para quem guarda ressentimentos antigos e rancores contra os mais chegados (amigos, colegas, familiares).
• DEPOSSESSION FORMULA	DA	• Para a infestação de entidades e parasitos astrais.
• DILL	C	• Para o exame dos problemas emocionais com objetividade. • Para a sobrecarga de experiências.
• DOGWOOD	C	• Para a limpeza do corpo etérico.
• FLANNEL FLOWER	AB	• Para homens que sofreram trauma de agressão física ou sexual. • Para ajudar a expressar verbalmente os sentimentos. • Para quando o abuso de álcool/drogas trouxer impotência sexual.
• FUCHSIA	C	• Para catalisar as emoções profundas. • Para trazer consciência e expressão honesta das emoções. • Para os sentimentos de rejeição. • Para quem viveu em família disfuncional (pais com doenças crônicas, viciados, divorciados). • Para a insônia. • Para os desequilíbrios emocionais gerados na infância. • Para a cólera.

ESSÊNCIA/SISTEMA		APLICAÇÃO
• GARLIC	C	• Para os medos inconscientes. • Para os medos de origem desconhecida. • Para a raiva oculta. • Para a abertura do *chakra* do fígado. • Para limpeza e proteção da aura. • Para a infestação de parasitos áuricos. • Para a infestação psíquica.
• GOLDEN EAR DROPS	C	• Para esquecer e perdoar as feridas do passado. • Para levar à libertação emocional pelas lágrimas.
• GORSE	B	• Para quem já se submeteu a muitos tratamentos e não conseguiu largar o vício. • Para a atitude de "de que adianta?"
• HEATHER	B	• Para adultos que se comportam como "crianças carentes". • Para quem apresenta uma imagem dominadora e decidida e não reconhece que precisa de ajuda. • Para a falta de limites no falar.
• HOLLY	B	• Para quem apresenta comportamento autodestrutivo. • Para a inveja. • Para a limpeza emocional. • Para quem se ofende facilmente. • Para os problemas de fígado. • Para a raiva. • Para liberação de sentimentos não expressados.
• HORNBEAM	B	• Para o equilíbrio do *chakra* básico. • Para os sentimentos de rejeição. • Para o cansaço da vida. • Para a depressão.

ESSÊNCIA/SISTEMA		APLICAÇÃO
• HOUND'S TONGUE	C	• Para sentir-se ligado à terra. • Para promover uma visão mais espiritual da vida. • Para restaurar sentimento de reverência pela vida.
• INDIAN PAINT BRUSH	C	• Para quem, em criança, foi muito desaprovado. • Para quem tem medo de ser autêntico.
• KANGAROO PAW	AB	• Para as emoções negativas vinculadas a relacionamentos — ódio, inveja, ressentimento. • Para a insegurança e autodesqualificação.
• KAPOK BUSH	AB	• Para o desalento, a apatia e a resignação. • Para quem se declara vencido ao menor obstáculo.
• LARCH	B	• Para quem bebe "para esquecer" erros/fracassos.
• LAVANDER	C	• Para o medo dos conflitos subconscientes. • Para limpar, desinfetar e acalmar. • Para ajudar a conectar com o Eu Superior. • Para sedar nervos superestimulados.
• MARIPOSA LILY	C	• Para traumas e feridas emocionais da infância.
• MORNING GLORY	C	• Para romper velhos padrões. • Para hábitos destrutivos, abusivos ou compulsivos.

ESSÊNCIA/SISTEMA		APLICAÇÃO
• MOUNTAIN PENNYROYAL	C	• Para a possessão psíquica decorrente do abuso do álcool. • Para os pensamentos negativos absorvidos na infância e que geram a atitude de "não sou bom o bastante!". • Para a limpeza de formas-pensamento negativas.
• MUGWORT	C	• Para fluidos no corpo. • Para a facilidade de inchar.
• MULLEIN	B	• Para ser verdadeiro consigo próprio. • Para a mentira e a falta de integridade.
• MUSTARD	B	• Para quem, após tratamento alopático, adquiriu o aspecto "robotizado". • Para quem está num estado em que tanto faz viver ou morrer.
• OAK	B	• Para quem não sabe desistir quando é apropriado.
• OLIVE	B	• Para falta de interesse no presente; falta de coragem para viver o aqui e agora. • Para enfrentar as dificuldades do processo de largar o vício.
• OREGON GRAPE	C	• Para o medo da hostilidade emocional dos outros. • Para superar condições infantis que levaram a esperar sempre o pior dos outros. • Para o medo do abandono. • Para os medos arraigados pela educação. • Para a mania de perseguição. • Para a paranóia social (acha que o mundo está contra ele/ela).

ESSÊNCIA/SISTEMA		APLICAÇÃO
• PAW PAW	AB	• Para a desintoxicação. • Para a sensação de estar sobrecarregado. • Para quem fica confuso quanto às decisões a tomar.
• PENSTEMON	C	• Para ajudar a enfrentar desafios. • Para quem necessita de fé.
• PHILOTHECA	AB	• Para os sentimentos de vulnerabilidade e culpa. • Para a vergonha, a insegurança, a autodesqualificação.
• PINE	B	• Para a compulsão sexual como compensação da baixa auto-estima. • Para o comportamento autodestrutivo. • Para a culpa. • Para a raiva de si próprio. • Para a baixa auto-estima.
• PINK YARROW	C	• Para o envolvimento emocional disfuncional. • Para a supersensibilidade.
• QUAKING GRASS	C	• Para desenvolver a disciplina. • Para impaciência e ansiedade.
• RED CLOVER	C	• Para limpar o *chakra* do fígado. • Para centrar o *chakra* básico.
• RED HELMET ORCHID	AB	• Para quem tem problemas com o pai ou figuras masculinas de autoridade. • Para quem tem imagem parental débil ou traumática. • Para a rebeldia. • Para "cabeça quente". • Para as mulheres que subestimam os homens e que têm relacionamentos instáveis e destrutivos.

ESSÊNCIA/SISTEMA		APLICAÇÃO
• SACRED DATURA	DA	• Para os sentimentos e percepções incongruentes. • Para o desligamento da realidade. • Para o sentimento de ser "estrangeiro" na Terra.
• SCARLET MONKEY FLOWER	C	• Para catarse de emoções fortes e reprimidas. • Para a raiva acumulada. • Para quem usa álcool ou drogas para esconder a raiva e a impotência.
• SELF-HEAL	C	• Para a autoconfiança e auto-aceitação.
• SNAPDRAGON	C	• Para diminuir a agressão verbal e a hostilidade. • Para sexualidade reprimida. • Para cólera reprimida. • Para o medo de se expressar. • Para diminuir a agressão e a hostilidade verbal que gera tensão ao redor da mandíbula.
• SOUTHERN CROSS	AB	• Para os problemas de fígado decorrentes do abuso de drogas. • Para a amargura. • Para a irritabilidade e o mau humor. • Para qualquer ressentimento. • Para quem reclama, há longo tempo, de coisas que considerou injustas. • Para quem tem mentalidade de vítima.
• SPINIFEX	AB	• Para restaurar o corpo etérico. • Para o sentimento de desvalorização. • Para a vergonha. • Para o sentimento de rejeição.

ESSÊNCIA/SISTEMA		APLICAÇÃO
• STAR OF BETHELEM	B	• Para o abuso do álcool para mascarar a ansiedade. • Para quando o vício tem origem em traumas/choques.
• STURT DESERT PEA	AB	• Para afetos não elaborados, levando ao abuso (bebe para "esquecer"). • Para velhas dores que são como feridas que nunca saram. • Para o choro contido. • Para quando uma dor profunda por mudança de vida é origem do abuso. • Para a dificuldade em pedir ajuda. • Para a depressão.
• STURT DESERT ROSE	AB	• Para quem teve pais hipercríticos/egoístas que o fez se sentir inseguro. • Para a culpa pouco clara na consciência que bloqueia a auto-estima. • Para a culpa e remorsos por atos passados. • Para a insegurança juvenil que leva à busca de autoconfiança no álcool/drogas.
• SUNDEW	AB	• Para a dissociação como forma de escapar de situações embaraçosas. • Para os ressentimentos profundos mascarados.
• SUNFLOWER	C	• Para o excesso de egoísmo. • Para bloqueios a atitudes positivas e bloqueios gerados por relação problemática com o pai que prejudicam a auto-imagem masculina.
• SWEET CHESTNUT	B	• Para quem sofreu abusos severos e tem o sentimento de que não vale a pena viver. • Para a angústia insuportável. • Para o sentimento de ter sido abandonado por Deus.

ESSÊNCIA/SISTEMA		APLICAÇÃO
• SWEET PEA	C	• Para quem não tem vínculo (não pertenço a nada nem a ninguém). • Para romper com relações destrutivas.
• SYRIAN RUE	DA	• Para os problemas relacionados à mentira e à falta de integridade.
• TANSY	C	• Para a procrastinação. • Para tomar ações decisivas. • Para quem foi exposto ao caos, confusão, instabilidade emocional e violência.
• WALNUT	B	• Para a inveja. • Para mágoas e ressentimentos. • Para romper velhos padrões de comportamento.
• WARATAH	AB	• Para a excitação que não se sabe descarregar e que leva à busca do álcool para "relaxar". • Para a elaboração de situações. traumáticas sem entrar em pânico. • Para os estados psicóticos (abertura do mundo psíquico, obrigando à confrontação com conteúdos inconscientes). • Para os sentimentos suicidas. • Para o pânico.
• WILD OAT	B	• Para quem floral nenhum ou composto deu resultado.
• WILLOW	B	• Para a amargura, o ressentimento, rancor. • Para quem acha sempre que a culpa é dos outros.

3 - Essências Florais para Trabalhar o Vício da Comida (Açúcar, Amido, Chocolate...)

ESSÊNCIA/SISTEMA		APLICAÇÃO
• AGRIMONY	B	• Para quem usa a comida como máscara para emoções.[2] • Para a ansiedade e os medos ocultados.
• ANGELICA	C	• Para se sentir amparado pelos guias espirituais durante o período de controle de alimentação.
• BLACK EYED SUSAN	C	• Para quem repete inconscientemente os padrões abusivos com relação a si e aos outros. • Para gerar a habilidade de se voltar para dentro e se aquietar. • Para o enfrentamento consciente dos problemas com relação à comida (comer comidas proibidas, comer escondido...).
• BLEEDING HEART	C	• Para dar paz e equilíbrio ao *chakra* cardíaco. • Para a liberação de apegos emocionais.
• BLUEBELL	AB	• Para quem quer tudo para si (inclusive a comida!). • Para aprender a soltar, a deixar ir. • Para trabalhar o *chakra* cardíaco. • Para abrir o coração e deixar as emoções fluírem.

[2]Os viciados em heroína devem utilizar também os florais referentes ao abuso de comida pela tendência ao exagero de ingestão de açúcar como compensação energética.

ESSÊNCIA/SISTEMA		APLICAÇÃO
• BORONIA	AB	• Para obsessões difíceis de se desprenderem. • Para dificuldades de enfrentar emoções negativas como o ódio e os conflitos relativos às exigências de afeto e de proteção.
• BUTTERCUP	C	• Para quem tende a se ver como criança (pequena e vulnerável).
• CALIFÓRNIA PITCHER PLANT	C	• Para desordens alimentares e fraqueza no sistema metabólico.
• CALIFORNIA WILD ROSE	C	• Para reorganizar o corpo etérico. • Para aceitar o sofrimento da infância e largar a necessidade de compensá-lo com comidas.
• CENTAURY	B	• Para aprender a dizer "não". • Para regular o *chakra* do plexo solar desequilibrado (necessidade de atenção negativa).
• CHAMOMILLE	C	• Para a tensão no estômago. • Para a hiperatividade. • Para a irritabilidade durante o período de dieta (ou de retirada de substâncias viciantes). • Para o humor variável, flutuação de emoções, que leva à busca da comida como compensação.
• CHAPARRAL	C	• Para frustrações de origem desconhecida. • Para desintoxicação no caso de drogas. • Para compreensão dos motivos que subjazem ao vício.

ESSÊNCIA/SISTEMA		APLICAÇÃO
• CHERRY PLUM	B	• Para a perda do controle com relação à comida.
• CHESTNUT BUD	B	• Para romper com padrões negativos repetitivos.
• CHICORY	B	• Para a obesidade manifestada após retirada de mama/ovários/próstata.
• CRAB APPLE	B	• Para limpeza das toxinas físicas e psíquicas.
• CROWEA	AB	• Para problemas alimentares causados por estresse ou fadiga (pessoas que assimilam mal a comida, assim como assimilam mal a realidade).
• DAGGER HAKEA	AB	• Para celulite (cólera acumulada e busca de autocastigo). • Para o medo. • Para auto-ódio e rejeição. • Para perdoar.
• DEERBRUSH	C	• Para "lavar a alma". • Para limpar emoções.
• DOGROSE	AB	• Para a obesidade (a gordura funcionando como defesa ao medo). • Para quem tem medo do futuro.
• DOGWOOD	C	• Para as emoções e atitudes duras, relacionadas a traumas de vidas passadas ou traumas e abusos na infância. • Para as tendências autodestrutivas. • Para quem tem relacionamentos abusivos.

ESSÊNCIA/SISTEMA		APLICAÇÃO
• EVENING PRIMROSE	C	• Para a tendência a comer muito e não se sentir satisfeito. • Para a conscientização e cura de emoções dolorosas absorvidas da mãe.
• FIVE CORNERS	AB	• Para os obesos que já tentaram de tudo para emagrecer. • Para a auto-estima, a auto-aceitação.
• FLANNEL FLOWER	AB	• Para o desgosto com o corpo. • Para a depressão. • Para a angústia reprimida.
• FRINGED VIOLET	AB	• Para os traumas antigos ou recentes. • Para restaurar a aura. • Para quem, extremamente desprotegido, tem dor profunda. • Para sessões de renascimento e de terapias de vidas passadas.
• FUCHSIA	C	• Para doenças que encobrem emoções, obesidade, hipertensão, enxaqueca.
• GARLIC	C	• Para tensão na boca do estômago. • Para raivas ocultas.
• GOLDENROD	C	• Para excesso de peso, usado para esconder o Eu verdadeiro. • Para a necessidade compulsiva de aprovação. • Para a baixa auto-estima. • Para a codependência (mulheres de alcoólatras que manifestam obesidade).
• GOLDEN YARROW	C	• Para a tensão no plexo solar que só parece aliviar com comida.

ESSÊNCIA/SISTEMA		APLICAÇÃO
• HOLLY	B	• Para os sentimentos de abandono e de separação.
• IRIS	C	• Para o desejo de comer doces, levando a abafar a criatividade. • Para a harmonização do corpo emocional e dos desejos.
• ISOPOGON	AB	• Para o acúmulo de emoções não expressadas por medo.
• MACROCARPA	AB	• Para maus hábitos alimentares.
• MANZANITA	C	• Para os problemas com alimentação. • Para a obesidade.
• MARIPOSA LILY	C	• Para criança carente. • Para o sentimento de abandono. • Para sentimentos de carência de nutrição emocional na infância levando à necessidade de excesso de nutrição física.
• MILKWEED	C	• Para a necessidade de se "embriagar" de comida, comendo até ficar entorpecido.
• MORNING GLORY	C	• Para hábitos alimentares desregrados.
• MOUNTAIN DEVIL	AB	• Para o ódio, a inveja, a desconfiança, a raiva. • Para os sentimentos de amargura. • Para a autodestrutividade. • Para o perdão. • Para a tristeza por falta de auto-estima.

ESSÊNCIA/SISTEMA		APLICAÇÃO
• OLD MAN BANKSIA	AB	• Para o retraimento quando há hostilidade. • Para quem é muito apegado à família e assume encargos pesados. • Para os problemas de tireóide (redução do ritmo metabólico como forma de enfrentar condições hostis e resultando em cansaço, desesperança e depressão).
• OLIVE	B	• Para a depleção mental e física provocada pelo excesso de comida/peso.
• PAW PAW	AB	• Para a desintoxicação.
• PEPPER MINT	C	• Para a má distribuição de energias.
• PINK MONKEY FLOWER	C	• Para a obesidade como forma de proteger o corpo. • Para a vergonha.
• PINK YARROW	C	• Para o comer excessivo como forma de mascarar a sensibilidade/sensitividade.
• POMEGRANATE	C	• Para os extremos emocionais por falta de nutrição na infância.
• RED GREVILLEA	AB	• Para o excesso de passividade. • Para quem não dá continuidade ao que faz.
• RED LILY (1)	AB	• Para ajudar no processo de assimilação de substâncias nutritivas. • Para os estados obsessivos.
• ROCK WATER	B	• Para quem faz dietas com muita rigidez.

ESSÊNCIA/SISTEMA		APLICAÇÃO
• ROSEMARY	C	• Para metabolismo alimentar frágil.
• SAINT JOHN'S WORT	C	• Para a insegurança e o medo que gera má assimilação dos alimentos. • Para a vulnerabilidade psíquica que leva à busca da comida para acalmar o sentimento.
• SHE OAK	AB	• Para as mulheres que não se vincularam a seu feminino e tendem a esconder suas formas físicas e capacidade de sedução.
• SNAPDRAGON	C	• Para quem come em excesso como forma de escape da manifestação de raiva.
• SPINIFEX	AB	• Para a excitação sexual reprimida que leva à busca da comida como substituto.
• STURT DESERT PEA	AB	• Para liberar os sentimentos antigos de dor e desespero. • Para o choro contido.
• SUNFLOWER	C	• Para desenvolver uma auto-imagem mais saudável.
• TANSY	C	• Para o reequilíbrio das emoções que provocam desordens alimentares. • Para a obesidade por letargia ou preguiça.
• VINE	B	• Para quem sabe ser o excesso de peso um mal mas mesmo assim nada faz para combatê-lo.

ESSÊNCIA/SISTEMA		APLICAÇÃO
• WALNUT	B	• Para quebrar os hábitos destrutivos alimentares ou não.
• WARATAH	AB	• Para os sentimentos suicidas. • Para a excitação que não sabe como descarregar e o faz comer. • Para o pânico que afeta hábitos alimentares.
• WEDDING BUSH	AB	• Para quem está começando dieta ou tratamento que requer a disciplina.
• WILD OAT	B	• Para viciados em recuperação descobrirem o propósito de vida.
• WILD POTATO BUSH	AB	• Para o excesso de peso. • Para dar a sensação de vitalidade e liberdade aos obesos. • Para quem se sente fisicamente restrito pelo peso. • Para quem tem o andar lento e pesado e que sente o corpo como uma prisão. • Para a depressão. • Para a liberação de velhas dores que foram sobrepujadas estoicamente.
• YARROW	C	• Para quem se protege do excesso de sensitividade com o excesso de peso. • Para quem precisa de ancorar o poder em si.

4 - Essências Florais para Tratar o Vício da Maconha

ESSÊNCIA/SISTEMA		APLICAÇÃO
• BORONIA	AB	• Para ajudar a descartar os pensamentos obsessivos.
• CHAPARRAL	C	• Para amnésia — total ou parcial. • Para falta de memória. • Para a liberação das toxinas psíquicas durante o sono ou a meditação.
• CLEMATIS	B	• Para sensação de "espaciamento".
• CORN	C	• Para estabelecer o equilíbrio espiritual, mantendo as raízes na Terra.
• DOGWOOD	C	• Para fortalecer o corpo etérico.
• FORGET ME NOT	C	• Para obstaculizar os contatos com as correntes do baixo astral a quem usa maconha.
• GARLIC	C	• Para limpeza psíquica. • Para proteção contra parasitos psíquicos. • Para tensão no plexo solar.
• INDIAN PINK	C	• Para a manutenção do foco. • Para o desequilíbrio do corpo astral.
• LOTUS	C	• Para limpar a toxidez. • Para a abertura espiritual sem necessidade da maconha.
• MADIA	C	• Para viver no presente. • Para equilibrar o *chakra* básico. • Para desenvolver o foco mental.

ESSÊNCIA/SISTEMA		APLICAÇÃO
• MANZANITA	C	• Para o aterramento, a ancoragem (*grounding*). • Para sentir-se bem no próprio corpo.
• MORNING GLORY	C	• Para a energia desordenada. • Para romper com padrões de comportamento/hábitos destrutivos.
• MUGWORT	C	• Para ajudar a entrar em *alfa*.
• MULLEIN	C	• Para o medo da própria negatividade. • Para ouvir a voz interior.
• NASTURTIUM	C	• Para quem vive "na cabeça" — para superar o excesso de intelectualismo. • Para a compulsão, a obsessão que leva ao vício.
• OREGON GRAPE	C	• Para quem tem mania de perseguição. • Para quem vive em expectativa de rejeição e abandono.
• RED LILY	AB	• Para quem usa maconha ou outros alucinógenos.
• SHOOTING STAR	C	• Para restabelecer a sensação de estar em casa, na Terra.
• ST. JOHN'S WORT	C	• Para ajudar o sono perturbado e no contato com o Eu Superior de modo a se sentir normal com as experiências de visão.
• WALNUT	C	• Para quem sente-se desenraizado (devido ou não à maconha). • Para quem está em processo de mudança.

5 - Essências para Trabalhar o Vício da Cafeína (Abuso de Café, Chá, Coca-Cola e Medicamentos à Base de Cafeína)

ESSÊNCIA/SISTEMA		APLICAÇÃO
• BLACK BERRY	C	• Para manifestar a visão. • Para a raiva e a impotência. • Para quem não coloca as idéias em prática. • Para fazer a conexão com a vontade.
• ELM	B	• Para quem está oprimido pelo desafio e pelas tarefas.
• GENTIAN	B	• Para equilibrar o Ego.
• HORNBEAM	B	• Para trabalhar a autodúvida.
• IRIS	C	• Para manifestar a visão. • Para perceber a própria criatividade e liberá-la.
• LARCH	B	• Para trabalhar a autodúvida.
• LAVENDER	C	• Para os "antenas ligadas".
• MADIA	C	• Para ajudar a centralização e a focalização do que é importante.
• MARIPOSA LILY	C	• Para curar os sentimentos de alienação e de não ser amado. • Para os sentimentos de abandono. • Para desenvolver a habilidade de nutrir e ser nutrido.
• MORNING GLORY	C	• Para ajudar a romper padrões destrutivos de comportamento.

ESSÊNCIA/SISTEMA		APLICAÇÃO
• OAK	B	• Para lidar com a exaustão.
• OLIVE	B	• Para trabalhar a autodúvida.
• PINK YARROW	C	• Para a autodesvalorização.
• POMEGRANATE	C	• Para trabalhar o *chakra* básico.
• RABBITBRUSH	C	• Para quem tem muitas atividades. • Para estar no comando de situações que requerem atenção simultânea em muitas direções.
• RED CLOVER	C	• Para centrar o *chakra* básico
• SAGEBRUSH	C	• Para as transições importantes.
• SCARLET MONKEYFLOWER	C	• Para a repressão de sentimentos de raiva e ódio de quem quer ser agradável. • Para o medo da própria raiva.
• SCOTCH BROOM	C	• Para quem vive em emprego insatisfatório. • Para a depressão advinda do sentimento de "pra quê"?
• SELF-HEAL	C	• Para quem o vício traz problemas físicos. • Para a autoconfiança, e autocura.
• SHASTA DAISY	C	• Para desenvolver o pensamento criativo e a habilidade de coligir e usar informações.
• SHOOTING STAR	C	• Para lidar com a alienação (às vezes não consciente) de estar fisicamente na Terra e ter o coração nas estrelas. • Para ancoragem (*grounding*). • Para quem teve condições de nascimento traumáticas.

ESSÊNCIA/SISTEMA		APLICAÇÃO
• SUNFLOWER	C	• Para equilibrar o ego — o Eu Superior. • Para eliminar as substâncias que bloqueiam a cura vibracional.
• STAR TULIP	C	• Para trabalhar o *chakra* da testa.
• SWEET PEA	C	• Para a calma emocional.

6 - Essências Florais para Trabalhar o Vício do Fumo (Abuso de Tabaco e Nicotina)

ESSÊNCIA/SISTEMA		APLICAÇÃO
• AGRIMONY	B	• Para quem mascara os sentimentos dolorosos com o vício.
• ANGELICA	C	• Para melhorar o processo de percepção da alma com os reinos sutis e com o mundo físico. • Para a proteção da aura.
• ARNICA	C	• Para reparar danos causados ao físico e ao etérico pelo abuso do fumo.
• BANKSIA ROBUR	AB	• Para a depressão. • Para catalisar o entusiasmo e o interesse pela vida. • Para os problemas circulatórios.

ESSÊNCIA/SISTEMA		APLICAÇÃO
• BAUHINIA	AB	• Para a flexibilidade. • Para trabalhar a resistência à mudança. • Para profissionais cuja saída para o estresse é o abuso do fumo.
• BILLY GOAT PLUM	AB	• Para os medos associados ao passado. • Para quem não se gosta. • Para a sensação de autonojo e repugnância.
• BLACK EYED SUSAN	AB	• Para quem é impaciente com quem é lerdo. • Para quem precisa aprender a delegar. • Para quem se ausenta da realidade por aceleração (impaciência, nervosismo, rapidez) ou por retardamento (colapso, cansaço). • Para dor de cabeça por tensão. • Para quem perde a calma quando as coisas não saem como queria.
• BLACKBERRY	C	• Para utilizar melhor o poder criativo do pensamento. • Para a conexão com a vontade para realizar a mudança de comportamento.
• BLACK EYED SUSAN	C	• Para a repetição inconsciente de padrões abusivos em relação a si. • Para a impaciência. • Para a resistência no trabalho com "chaves" que devem ser tratadas e ultrapassadas (ex.: problemas de vícios). • Para os problemas de voz causados pelo fumo. • Para desenvolver a capacidade de ver a realidade e ter a compreensão dos porquês dos comportamentos.

ESSÊNCIA/SISTEMA		APLICAÇÃO
• BLEEDING HEART	C	• Para trabalhar o *chakra* cardíaco. • Para a quebra de relacionamento (divórcio, viuvez, separação) como origem do vício.
• BLUEBELL	AB	• Para os problemas circulatórios. • Para abrir o coração e deixar que as emoções aflorem. • Para quem tem medo do que sente.
• BORONIA	AB	• Para enfisema pulmonar ou outros problemas pulmonares, causados pelo abuso do fumo. • Para necessidades emocionais não satisfeitas e preenchimento do vazio sentido pelo fumante. • Para o rancor e a falta de autovalorização.
• BOTTLE BRUSH	AB	• Para as transições. • Para esquecer o passado e se lançar no novo.
• BUSH FUCHSIA	AB	• Para quem não aprende com a experiência. • Para o medo, a insegurança, a falta de consciência do próprio valor. • Para os problemas com auto-expressão e criatividade sufocada, originando problemas de garganta/faringe. • Para as disfonias (= estou tão furioso que não posso falar!).
• BUSH IRIS	AB	• Para a limpeza do *chakra* básico. • Para quem usa drogas, álcool, fumo ou sexo para liberar a força emocional reprimida. • Para problemas de garganta (= dificuldades de assimilação das emoções).

ESSÊNCIA/SISTEMA		APLICAÇÃO
• CALENDULA	C	• Para os problemas de voz gerados pelo abuso do fumo.
• CALIFORNIA POPPY	C	• Para o despertar psíquico e criativo. • Para trazer informações de vidas passadas. • Para limpar as emoções.
• CHAMOMILLE	C	• Para dor nos olhos. • Para dor de cabeça. • Para agitação e hiperatividade.
• CHAPARRAL	C	• Para a limpeza emocional. • Para insônia, desassossego, aflições, frustração. • Para liberar experiências pessoais ou imagens violentas, absorvidas na mídia, referentes a drogas ou experiências psíquicas.
• CHESTNUT BUD	C	• Para romper com os padrões repetitivos de comportamento.
• CONFID ESSENCE[3]	AB	• Para a baixa auto-estima. • Para os sentimentos de culpa. • Para a dependência patológica. • Para a submissão.
• CROWEA	AB	• Para a insônia. • Para os medos indefinidos. • Para a sensação de que algo pode dar errado. • Para úlcera péptica (estômago/duodeno).

[3]Confid essence = Boronia + Bottle brush = fórmula do Sistema Bush para trabalhar o vício do fumo.

ESSÊNCIA/SISTEMA		APLICAÇÃO
• DAGGER HAKEA	AB	• Para bronquite. • Para ressentimentos. • Para a amargura, a sensação de ter sido tratado injustamente. • Para a raiva e as obsessões acumuladas.
• GARLIC	C	• Para as raivas ocultas. • Para a dificuldade de relaxar em terapia. • Para a ansiedade e a insegurança. • Para a limpeza e a proteção da aura.
• GOLDEN EAR DROPS	C	• Para liberar os traumas de infância e perdoar os causadores.
• GOLDENROD	C	• Para a ansiedade por necessidade de aprovação externa gerada por insegurança quanto ao autovalor. • Para a necessidade de atenção negativa. • Para a dependência do apoio do outro.
• GREY SPIDER FLOWER	AB	• Para a asma. • Para pânico e terror que faz a pessoa sentir a garganta seca, o coração batendo forte e a respiração alterada.
• ILLAWARRA FLAME TREE	AB	• Para a tosse decorrente do abuso do fumo. • Para a frustração e irritação pelas coisas "engasgadas na garganta".
• INDIAN PINK	C	• Para se manter calmo, focado e centrado em meio a atividade exaustiva, sem ter que recorrer ao fumo.
• IRIS	C	• Para harmonizar o corpo astral. • Para quem tem medo de ser autêntico, criativo.

ESSÊNCIA/SISTEMA		APLICAÇÃO
• ISOPOGON	AB	• Para rouquidão. • Para má memória. • Para personalidades manipuladoras e controladoras.
• KANGAROO PAW	AB	• Para quem é insegura e se desvaloriza/desqualifica. • Para a repressão de emoções negativas (ódio, ira, inveja, ressentimento).
• LAVENDER	C	• Para relaxar e se permitir receber os benefícios de trabalho de cura. • Para a insônia por excesso de fumo. • Para bronquite.
• MALLOW	C	• Para as dificuldades de contato social que levam ao uso do cigarro como "ponte". • Para a expectativa negativa de rejeição pelos outros.
• MARIPOSA LILY	C	• Para sentimento de abandono. • Para criar aconchego interno, durante o processo de curar o vício.
• MORNING GLORY	C	• Para romper com padrões antigos de comportamento e pensamento. • Para regularizar os ritmos do organismo (comer, dormir...).
• MOUNTAIN DEVIL	C	• Para aprender a amar e perdoar. • Para as dificuldades de expressar amor. • Para a raiva. • Para a culpa. • Para o medo.
• MULLA MULLA	AB	• Para o ódio, a ira, a raiva e a aflição reprimidos.

ESSÊNCIA/SISTEMA		APLICAÇÃO
• MULLEIN	C	• Para ter coragem de iniciar o processo de cura.
• NASTURTIUM	C	• Para os problemas respiratórios decorrentes do abuso do fumo. • Para a incapacidade de expressar sentimentos de amor ou raiva. • Para a culpa. • Para carência afetiva. • Para o medo inconsciente de se entregar à vida.
• NICOTIANA	C	• Para obter a paz centrada no coração. • Para quem precisa da nicotina para se manter ancorado num mundo que considera duro. • Para o entorpecimento dos sentimentos causado pela nicotina. • Para quem precisa parar de fumar por exigências médicas (cardíacos, pessoas com enfisema pulmonar).
• OLIVE	B	• Para depleção do corpo e da mente pelo abuso do fumo.
• PEPPERMINT	C	• Para manter a mente alerta sem necessidade da nicotina.
• PINK YARROW	C	• Para obstaculizar a esponja psíquica que absorve a aura psíquica dos lugares ou das pessoas. • Para a hipersensibilidade.
• QUACKING GRASS	C	• Para gerar a flexibilidade que ajuda ao trabalho em grupo. • Para a impaciência e a ansiedade em grupo, que leva a usar o fumo como forma de aplacá-las.

ESSÊNCIA/SISTEMA		APLICAÇÃO
• RED LILLY	AB	• Para o excesso de idealismo. • Para a integração do material com o espiritual. • Para a liberação de informações de vidas passadas, inscritas nos códigos genéticos. • Para se centrar no presente.
• SAGE	C	• Para as fases de transição. • Para aprender com a experiência.
• SAGEBRUSH	C	• Para aceitar as perdas pessoais. • Para novos começos.
• SAINT JONH'S WORT	C	• Para ajudar com a perturbação do sono. • Para ajudar a contatar com o Eu Superior e experienciar a proteção divina. • Para os problemas de ligação dos corpos físico e etérico que permitem ataque de elementos negativos durante o sono.
• SCARLET MONKEY FLOWER	C	• Para ter coragem de trabalhar com o lado escuro do Eu. • Para quem reprime a raiva/ódio para ser agradável.
• SELF HEAL	C	• Para os problemas de garganta originados do abuso do fumo. • Para despertar as forças de autocura. • Para quem o vício é uma forma de escapar da falta de autoconfiança, autoaceitação. • Para os viciados com sintomas físicos decorrentes do vício.
• SILVER PRINCESS	AB	• Para quem não sabe como materializar seus objetivos.

ESSÊNCIA/SISTEMA		APLICAÇÃO
• SOUTHERN CROSS	AB	• Para o ressentimento. • Para quem é invejoso. • Para quem é hipercrítico e pessimista.
• STAR OF BETHELEM	B	• Para traumas físicos e psíquicos, originados pelo abuso ou que deram origem ao vício.
• STURT DESERT PEA	AB	• Para a depressão. • Para dores emocionais/choro contido. • Para os problemas pulmonares decorrentes do abuso de fumo como forma de esconder afetos não elaborados.
• SUNFLOWER	C	• Para ajudar com as questões de autoestima, que está na raiz dos vícios. • Para equilibrar os corpos etérico, emocional e mental. • Para equilibrar o Ego — não ser modesto demais e nem se atribuir excessiva importância. • Para trabalhar os problemas da relação com as figuras masculinas de autoridade. • Para recompor o plexo solar.
• SWEET PEA	C	• Para os adolescentes ou adultos em "estado de rebelião" ou que não se sentem parte da sociedade.
• TANSY	C	• Para ajudar a tomar atitudes/ações decisivas para atingir metas. • Para quem foi exposto ao caos, à confusão, à instabilidade emocional ou à violência e desenvolveu vícios.
• TOBACCO	C	• Para a limpeza e desintoxicação depois que a pessoa parou de fumar.

ESSÊNCIA/SISTEMA		APLICAÇÃO
• TRILLIUM	C	• Para os problemas de eliminação de resíduos. • Para limpar o *chakra* básico.
• TURKEY BUSH	AB	• Para os bloqueios da criatividade. • Para a falta de confiança na própria habilidade de criar.
• WARATAH[4]	AB	• Para criar coragem na desesperança e para a inabilidade de reagir às crises. • Para pânico. • Para estados de esgotamento e sensação de não poder ir adiante. • Para elaborar situações traumáticas sem entrar em pânico.
• WILLOW	B	• Para aumentar a consciência das restrições auto-impostas pelos padrões mentais. • Para a flexibilidade mental.
• YARROW	C	• Para bloquear ondas de energia negativa. • Para a hipersensitividade que leva a absorver toxinas psíquicas ou pensamentos negativos de outros.
• YERBA SANTA	C	• Para a liberação de toxinas emocionais profundas e ocultas, especialmente as que causam problemas de coração/respiração. • Para problemas de respiração expressados por traumas e dores não resolvidas. • Para ajudar com a comunicação com o Eu Superior e obter ajuda para resolver os problemas emocionais.

[4]Os resultados da Waratah já se fazem sentir no segundo dia, mas é importante manter o uso por, no mínimo, sete dias.

7 - Essências para Trabalhar o Abuso das Drogas Sintéticas

ESSÊNCIA/SISTEMA		APLICAÇÃO
• AGRIMONY	B	• Para retirar as máscaras. • Para a angústia. • Para o *chakra* do plexo solar. • Para envenenamento alimentar.
• ALOE VERA	C	• Para restaurar a energia etérica. • Para os desequilíbrios das ondas cerebrais.
• ASPEN	B	• Para o abuso de drogas para mascarar a hipersensitividade.
• BLACKBERRY	C	• Para o medo da pobreza. • Para aumentar a vitalidade. • Para a depressão e a desorientação.
• BLACK EYED SUSAN	C	• Para quando se evita penetrar nas emoções. • Para desenvolver a capacidade de ver a realidade. • Para diminuir o ritmo de vida e restabelecer a paz interior.
• BORAGE	C	• Para a desesperança. • Para a culpa. • Para quem está desmotivado. • Para a tristeza e o luto que deixam o coração pesado.
• CLEMATIS	B	• Para quem foge da realidade.
• CENTAURY	B	• Para quem se deixa explorar. • Para quem não sabe dizer "não".

ESSÊNCIA/SISTEMA		APLICAÇÃO
• CERATO	B	• Para a ansiedade por medo de falhar. • Para a necessidade compulsiva de aprovação.
• DANDELION	C	• Para a hiperatividade, o nervosismo. • Para dor e tensão muscular. • Para os que têm problemas físicos e são usuários habituais de tranqüilizantes.
• DILL	C	• Para o estresse da vida urbana. • Para trabalhar os *chakras* do plexo solar e da testa.
• ELM	B	• Para o desespero. • Para quem se sente desalentado e frustrado com o excesso de respon sabilidades.
• FÓRMULA PARA AUTOCONFIANÇA[5]	AB	• Para desenvolver a auto-estima e o poder pessoal • Para a ansiedade e a depressão. • Para os sentimentos de vitimismo.
• FUCHSIA	C	• Para a tensão. • Para doenças psicossomáticas. • Para quem disfarça a dor com o riso. • Para quem tem desequilíbrios emocionais gerados na infância.
• GARLIC	C	• Para o medo e a tensão sentidos "na boca do estômago". • Para quem tem doenças metabólicas, imunológicas ou neurológicas de origem psicossomática.
• GENTIAN	B	• Para a depressão.

[5]Composto do Sistema Bush (Five Corners + Dog Rose + Sturt Desert Pea + Southern Cross).

ESSÊNCIA/SISTEMA		APLICAÇÃO
• GOLDEN EAR DROPS	C	• Para contatar os sentimentos dolorosos da infância. • Para a liberação de traumas passados.
• GOLDENROD	C	• Para a necessidade de aprovação externa. • Para quem usa dissimuladores da descarga emocional. • Para quem tem comportamento negativo para receber atenção.
• HEATHER	B	• Para a carência afetiva.
• HIBBERTIA	AB	• Para quem é viciado em conhecimento.
• HOLLY	B	• Para a raiva, o ódio, o ressentimento. • Para o sentimento de não ser amado, o sentimento de não pertencer.
• ILLAWARRA FLAME TREE	AB	• Para o timo, para aumentar as defesas imunológicas. • Para a incapacidade de se defender/proteger.
• INDIAN PINK	C	• Para mulheres que se sentem pressionadas pelos afazeres domésticos, do trabalho e dos filhos, e que se acham "fora do eixo". • Para quem tem muitas atividades.
• IRIS	C	• Para quem vê TV, joga, toma tranqüilizantes, compra compulsivamente, como forma de escapar das circunstâncias de vida.
• LARCH	B	• Para quem usa drogas para "esquecer" as perdas, dores, fracassos.

ESSÊNCIA/SISTEMA		APLICAÇÃO
• LAVENDER	C	• Para os nervos superestimulados. • Para a insônia e as dificuldades com o sono. • Para a hipersensibilidade que leva à exaustão dos nervos.
• MADIA	C	• Para trabalhar o *chakra* básico.
• MUSTARD	B	• Para quem não consegue dispersar a tristeza.
• MARIPOSA LILY	C	• Para o sentimento de alienação. • Para homens com rejeição ou hostilidade ao feminino como reflexos de sua relação com a mãe. • Para curar as feridas emocionais da infância.
• MORNING GLORY	C	• Para a depressão. • Para romper com hábitos compulsivos. • Para ajudar a criar disciplina benéfica.
• NASTURTIUM	C	• Para o excesso de atividade mental que drena as energias. • Para as culpas.
• OLIVE	B	• Para quando o cansaço é tanto que leva à vontade de chorar.
• PINE	B	• Para quem assume as culpas dos outros. • Para a incapacidade de se perdoar.

ESSÊNCIA/SISTEMA		APLICAÇÃO
• QUINCE	C	• Para as mulheres que se sentem divididas entre as necessidades de força e poder (trabalho) e a habilidade de ser nutridora e amorosa (maternidade). • Para as mulheres profissionais e mães solteiras.
• RED CHESTNUT	B	• Para quem mantém pensamentos negativos, e cheios de medo, que são maléficos para o outro.
• RED LILY	AB	• Para quem precisa dormir mais e que usa hipnóticos ou alucinógenos. • Para quem tem dificuldades porque quer tudo para amanhã.
• SAGEBRUSH	B	• Para transições importantes. • Para se desligar de circunstâncias/padrões que não são mais apropriados.
• SCLERANTHUS	B	• Para os bloqueios do timo.
• SPINIFEX	AB	• Para a vergonha. • Para os sentimentos de rejeição. • Para aprender a demonstrar os sentimentos. • Para selar o corpo etérico.
• SUNFLOWER	C	• Para limpar o corpo etérico e o corpo psíquico (mental + astral). • Para a baixa auto-estima que leva ao abuso de drogas.
• TRILLIUM	C	• Para quem se mantém no emprego só por questão de sobrevivência e necessita de drogas para "agüentar". • Para quem acredita que só a riqueza material traz preenchimento.

ESSÊNCIA/SISTEMA		APLICAÇÃO
• WALNUT	B	• Para ajudar a romper com os padrões destrutivos.
• WILLOW	B	• Para quem sempre culpa os outros. • Para o ressentimento.
• YERBA SANTA	C	• Para quem está entediado, exausto, estressado. • Para liberar as toxinas emocionais profundas e ocultas, especialmente as que causam doenças cardíacas.
• ZINNIA	C	• Para o *workholism* e outros modos de evitar a manifestação do verdadeiro Eu. • Para o perfeccionismo.

8 - Essências para Trabalhar Outros Padrões Emocionais Presentes nos Dependentes e Codependentes

ESSÊNCIA/SISTEMA		APLICAÇÃO
• AGRIMONY	B	• Para liberar as tendências dos viciados, e de suas famílias, de se esconderem sob fachadas e usarem as substâncias viciantes, para encobrir os sentimentos. • Para a ansiedade.
• CHAMOMILLE	C	• Para acalmar e trazer objetividade emocional.
• IMPATIENS	B	• Para a irritabilidade que ocorre com o vício.

ESSÊNCIA/SISTEMA		APLICAÇÃO
• MORNING GLORY	C	• Para ajudar a compulsividade e em certos tipos de hábitos (comer, beber, fumar em excesso).
• RESCUE	B	• Para quem está envolvido em crise física-emocional.
• SAINT JOHN'S WORT	C	• Para se abrir ao amor. • Para confiar na conexão com o Eu Superior. • Para o viciado que perdeu a Fé. • Para trabalhar o sono perturbado e liberar o medo.
• SELF HEAL	C	• Para ativar a habilidade de se curar e de conectar corpo-espírito-mente.
• STAR OF BETHELEM	B	• Para traumas (do passado ou do presente).
• STURT DESERT PEA	AB	• Para mágoas e dores profundas guardadas por muitos anos.
• SWEET PEA	B	• Para os desafiadores e anti-sociais. • Para os *acting-out* (especialmente adolescentes e adultos jovens).
• WHITE CHESTNUT	B	• Para liberar a obsessão mental, a preocupação e a corrida da mente que leva ao vício encobridor.
• ZINNIA	C	• Para a Criança Interior. • Para liberar o riso e o prazer. • Para quem está trabalhando na autocura e na dos outros.

9 - Essências para Trabalhar Codependentes (Filhos e Cônjuge) e Filhos Adultos de Viciados

ESSÊNCIA/SISTEMA		APLICAÇÃO
• AGRIMONY	B	• Para quem mente para si próprio. • Para quem oculta os vícios de familiares. • Para quem finge que os problemas não estão acontecendo.
• ALOE VERA	C	• Para quem se vicia em trabalho (*workholism*) em função da codependência.
• ANGELICA	C	• Para se alinhar à Alma. • Para quem acha que Deus o abandonou.
• BLACK COHOSH	AB	• Para quem vive relacionamento abusivo.
• BLACK EYED SUSAN		• Para quem não enxerga o medo de perder o controle. • Para a falta de consciência com relação a si ou aos outros.
• BRIGHT STAR	DA	• Para quem não sabe dizer "não".
• BUTTERCUP	C	• Para a baixa auto-estima. • Para quem não se sente "bom o bastante". • Para quem rejeita elogios.
• CALENDULA	C	• Para quem agride os outros verbalmente. • Para quem tem "explosões" de temperamento.
• CALIFORNIA POPPY	C	• Para quem mente para si próprio e desenvolve vícios como forma de escapar da condição de viver em lar disfuncional.

ESSÊNCIA/SISTEMA		APLICAÇÃO
• CALIFORNIA WILD ROSE	C	• Para aceitar o sofrimento e contactar as forças da vontade para sair do vitimismo.
• CANYON DUDLEYA	DA	• Para quem é viciado em experiência psíquica.
• CERATO	B	• Para a confiança na orientação interior. • Para quem acha que Deus o abandonou.
• CORN	C	• Para quem convive com o ambiente congestionado dos viciados.
• DESERT CHRISTMAS CHOLLA	DA	• Para quem se sente pressionado por assumir problemas dos outros.
• DESERT MARIGOLD	DA	• Para limpar o plexo solar e assumir seu poder. • Para o vitimismo.
• FILAREE	C	• Para a ansiedade com trivialidades. • Para a obsessão com dinheiro.
• FUCHSIA	C	• Para a cólera reprimida. • Para o sentimento de rejeição. • Para quem esconde a dor com o riso. • Para quem se deprime por não ser elogiado.
• GARLIC	C	• Para as raivas ocultas.
• GENTIAN	B	• Para a depressão com causa conhecida.
• GOLDEN EAR DROPS	C	• Para quem cresceu em casa de viciados ou em lares disfuncionais. • Para ajudar as perspectivas das memórias infelizes e liberar a tristeza reprimida.

ESSÊNCIA/SISTEMA		APLICAÇÃO
• GOLDENROD	C	• Para quem apresenta falsa personalidade para ser aceito. • Para quem dissimula as emoções. • Para a ansiedade por necessidade de aprovação externa e por insegurança quanto a seus valores.
• GOLDEN YARROW	C	• Para quando a extrema sensitividade leva ao vício. • Para quem convive com viciados e não consegue estabelecer limites.
• INDIAN PINK	C	• Para manter-se no eixo quando há excesso de coisas/atividades.
• INMORTAL	DA	• Para os problemas profundos de vergonha e auto-estima.
• LARCH	B	• Para o medo de cometer erros.
• MAKING AND HONORING BOUNDARIES	DA	• Para ser capaz de interagir com os outros sem se tornar enredado e/ou sem assumir como suas as percepções do outro sobre quem se é.
• MOUNTAIN PRIDE	C	• Para vencer o medo dos desafios. • Para confrontar e transformar a adversidade. • Para a falta de assertividade. • Para quem não sabe o que quer.
• MULLEIN	C	• Para a mentira e a falta de integridade nos lares disfuncionais. • Para quem mente para "proteger" a quem ama. • Para quem se sente sem apoio. • Para quem acha que a ajuda recebida nunca é suficiente.

ESSÊNCIA/SISTEMA		APLICAÇÃO
• PINE	B	• Para quem faz sexo quando não quer. • Para quem se culpa por tudo.
• PINK YARROW	C	• Para quem se culpa por tudo. • Para a autodesvalorização.
• POMEGRANATE	C	• Para os extremos emocionais devido à falta de nutrição emocional na infância.
• RED CLOVER	C	• Para quem vive ou trabalha com viciados. • Para se manter centrado em clima altamente emocional.
• SAGEBRUSH	C	• Para os filhos adultos de alcoólatras e de famílias disfuncionais. • Para ajudar a reprogramar os pais (reparentalização). • Para ser verdadeiro consigo próprio e encontrar sua identidade.
• SAGUARO	C	• Para os problemas com autoridade, relacionados a problemas com os pais.
• SCARLET MONKEY FLOWER	C	• Para o sentimento de raiva e impotência nos codependentes. • Para quem reprime a raiva para ser agradável.
• SELF HEAL	C	• Para ativar a habilidade de se curar e a fazer conexão corpo-mente-espírito.
• STAR OF BETHELEM	B	• Para os traumas gerados por se viver/ter vivido com viciados.

ESSÊNCIA/SISTEMA		APLICAÇÃO
• STICKY MONKEY FLOWER	C	• Para pais ou cônjuge de viciado que se sentem "enlouquecendo" com as atitudes do outro. • Para relacionamentos traumatizantes. • Para quem tolera abuso pela ilusão de ser amado.
• SUNFLOWER	C	• Para desenvolver autoconfiança. • Para os conflitos internos relacionados aos pais. • Para a baixa auto-estima. • Para quem não se sente amado/aprovado pelos pais.
• TALL YELLOW TOP[6]	AB	• Para as famílias desunidas e nas quais falta amor.
• YARROW	C	• Para escudar a pessoa do bombardeio de sentimentos e exigências.
• WILLOW	B	• Para o ressentimento. • Para quem sempre culpa os outros. • Para quem acha que passa a vida dando e nada recebendo.
• ZINNIA	C	• Para se conectar à Criança Interior. • Para liberar o riso e o prazer. • Para quem está trabalhando a autocura e a cura dos outros.

[6]Usar de seis a oito semanas.

10 - Essências para Trabalhar os Problemas Parentais

ESSÊNCIA/SISTEMA		APLICAÇÃO
• BUSH GARDENIA	AB	• Para melhorar o relacionamento familiar.
• EVENING PRIM ROSE	C	• Para dissolver os traumas da época da gestação.
• GOLDEN EAR DROPS	C	• Para dar nova perspectiva aos traumas infantis e à infelicidade, freqüentemente envolvendo tristezas e catarses.
• LOTUS	C	• Para a clareza e o equilíbrio mental. • Para ajudar a meditar. • Para se tornar centrado em casa.
• MANZANITA	C	• Para se tornar centrado no corpo.
• MARIPOSA LILY	C	• Para desenvolver um relacionamento saudável com a mãe.
• POMEGRANATE	C	• Para equilibrar extremos emocionais resultantes de privação emocional na infância.
• RED HELMET ORCHID	AB	• Para quem tem problemas não resolvidos com relação aos pais e que manifesta rebeldia com figuras de autoridade.
• SAGEBRUSH	C	• Para falsa identificação com as características parentais e para liberar o si-próprio.
• SAGUARO	C	• Para os problemas com autoridade relacionados aos pais.

ESSÊNCIA/SISTEMA		APLICAÇÃO
• SUNFLOWER	C	• Para ter autoconfiança. • Para os conflitos internos relacionados aos pais.
• SWEET PEA	C	• Para os adolescentes com conflitos familiares.
• TALL YELLOW TOP	AB	• Para quem se sente rejeitado pelos pais.
• WEDDING BUSH	AB	• Para os pais desenvolverem a capacidade de se dedicar aos filhos com alegria.

11 - Essências para Trabalhar a Alienação e o Isolamento

ESSÊNCIA/SISTEMA		APLICAÇÃO
• CHAPARRAL	C	• Para a solidão, a tristeza e a desolação interior. • Para a frustração de origem desconhecida. • Para experimentar níveis de compreensão mais profundos sobre as experiências psíquicas que estão no subconsciente.
• CLEMATIS	B	• Para aterrar na realidade e sobrepujar a necessidade de viver num mundo de sonho ou de estar espaciado por drogas/álcool.

ESSÊNCIA/SISTEMA		APLICAÇÃO
• CORN	C	• Para desenvolver o prazer de compartilhar. • Para viver melhor no coletivo.
• HARMONIZING ADICTIVE PATTERNS	DA	• Para trazer à consciência os porquês da fuga do aqui e agora.
• HEATHER	B	• Para liberar a solidão e o autocentramento que ocorre quando o vício reduziu o mundo ao tamanho de uma garrafa ou caixa de pílulas. • Para o "maior abandonado".
• HONEYSUCKLE	B	• Para quem se isola nas lembranças do passado.
• ILLAWARRA FLAME TREE	AB	• Para quem se sente rejeitado/excluído.
• LOTUS	C	• Para dar clareza emocional e mental. • Para ajudar a meditar. • Para ter equilíbrio.
• MALLOW	C	• Para a timidez. • Para ajudar a manter contatos com os outros.
• MARIPOSA LILY	C	• Para o sentimento de alienação que acompanha a progressão do vício.
• OREGON GRAPE	C	• Para quem se isola por se sentir injustiçado. • Para o medo da hostilidade emocional dos outros.

ESSÊNCIA/SISTEMA		APLICAÇÃO
• RED LILLY	AB	• Para quem não está bem ancorado no plano terreno.
• SHOOTING STAR	C	• Para o sentimento de alienação daqueles cuja visão é pouco usual.
• SUNDEW	AB	• Para quem é indefinido. • Para quem é ressentido pelo fato de não receber a atenção que deseja.
• SWEET CHESTNUT	B	• Para quem se isola porque sente-se desamparado.
• SWEET PEA	C	• Para dissipar a alienação. • Para os sentimentos de abandono e isolamento.
• TALL YELLOW TOP	AB	• Para a alienação, a solidão, o isolamento. • Para quem sentiu/sente-se rejeitado pelos pais ou que tem a sensação de não ter tido um "lar".
• UNCONDITIONAL LOVE AND SUPPORT	DA	• Para conscientizar que o amor e o apoio estão dentro de nós.
• VIOLET	C	• Para a timidez.
• WALNUT	B	• Para o eremita, o isolado, que permanece longe das pessoas e abusa de substâncias viciantes para acabar com a solidão.
• WATER VIOLET	B	• Para se tornar mais sociável.

12 - Essências para Trabalhar a Clareza e a Ancoragem (*Grouding*)

ESSÊNCIA/SISTEMA		APLICAÇÃO
• CLEMATIS	B	• Para se ancorar na realidade e sobrepujar a necessidade de viver num mundo de sonho ou de estar espaciado (alto).
• CORN	C	• Para restabelecer o equilíbrio espiritual com as raízes na Terra.
• LOTUS	C	• Para a clareza emocional e mental. • Para ter equilíbrio. • Para ajudar a meditar.
• MANZANITA	C	• Para se tornar centrado em casa. • Para se tornar centrado no corpo.
• NASTURTIUM	C	• Para quem vive "na cabeça".
• RED CLOVER	C	• Para se sentir centrado em clima emocional.
• WALNUT	B	• Para quem se sente desenraizado.
• YERBA SANTA	C	• Para a clareza mental.

13 - Essências para Ajudar a Manifestar a Visão

ESSÊNCIA/SISTEMA		APLICAÇÃO
• AGAVE	DA	• Para ter coragem de expressar os próprios dotes.
• ANCHOR MANIFESTATION	DA	• Para consciência da conexão com a energia universal, e para consciência do movimento da energia do mundo dos sonhos para a manifestação na realidade.
• BEECH	B	• Para quem é muito crítico e exigente consigo próprio e com os outros. • Para o perfeccionismo (que é um problema primário no viciado).
• BLACK BERRY	C	• Para quem se sente esmagado pela visão e cheio de dúvidas quanto à habilidade de trazê-la à manifestação.
• CALIFORNIA POPY	C	• Para liberar os bloqueios de criatividade e dar equilíbrio espiritual.
• CELEBRATION OF ABUNDANCE	DA	• Para dar o impulso para a pessoa se mover para o próximo nível.
• CONNECTING WITH PURPOSE	DA	• Para conexão com a visão — sua definição e manutenção.
• CREATIVITY FORMULA	DA	• Para desbloquear a criatividade.
• ELM	B	• Para liberar o sentimento de quem é capaz, de ser inadequado para as tarefas de sua visão e que o leva a usar substâncias viciantes para ultrapassá-lo.

ESSÊNCIA/SISTEMA		APLICAÇÃO
• INDIAN PAINTBRUSH	C	• Para desenvolver maior tolerância à frustração. • Para revitalizar as funções criativas adormecidas pelo vício.
• IRIS	C	• Para liberar a criatividade. • Para liberar a frustração sobre a manifestação da visão.
• LARCH	B	• Para ajudar quando há expectativa de fracasso com a visão e, então, nem se tenta, por causa da dependência e do complexo de inferioridade.
• LITTLE FLANNEL FLOWER	AB	• Para quem vê a vida como uma coisa muito séria/difícil.
• MADIA	C	• Para o viciado, em recuperação, focar sua tarefa, ver os detalhes, cumprir os compromissos.
• MULLEIN	C	• Para quem tem uma visão pouco usual ou difícil. • Para permitir ser verdadeiro consigo e usar todo seu potencial.
• PENSTEMON	C	• Para o desencorajamento e a autodúvida que ocorre nos que se sentem esmagados pelos desafios.
• SWEET CHESTNUT	B	• Para quem está em grande angústia e sente-se no limite da resistência mas não pensa em suicídio.
• WILD OAT	B	• Para ajudar com o sentimento de não ter sido "descoberto". • Para quem, multitalentoso, ainda não se viu descoberto.
• WILD ROSE	B	• Para remotivar quem se tornou resignado ao vício e que aceita a "escravidão".

14 - Essências para Trabalhar a Culpa

ESSÊNCIA/SISTEMA		APLICAÇÃO
• BASIL	C	• Para a culpa sexual.
• BEECH	B	• Para quem culpa os outros por ter sido criado em ambiente onde havia muita crítica e altas expectativas e, internamente, se sente inseguro.
• BILLY GOAT PLUM	AB	• Para a culpa sexual. • Para distorções de sexualidade. • Para a vergonha do sexo, da sexualidade.
• BLUEBELL	AB	• Para a culpa e nostalgia.
• CONFID ESSENCE [7]	AB	• Para os sentimentos de culpa.
• CRAB APPLE	B	• Para a auto-acusação, autocondenação e o sentimento de ser sujo.
• MARIPOSA LILY	C	• Para se abrir ao amor e curar os sentimentos de isolamento e alienação que ocorrem na culpa.
• PHILOTECA	AB	• Para os sentimentos de vulnerabilidade e culpa. • Para a aceitação das críticas sem sentimento de culpa.
• PINE	B	• Para a culpa e auto-reprovação.
• RED CHESTNUT	B	• Para a preocupação excessiva. • Para a ansiedade com os outros. • Para os sentimentos de culpa por cuidar de suas necessidades.

[7]Composto do Sistema Bush (Five Corners + Dog Rose + Sturt Desert Rose + Southern Cross).

ESSÊNCIA/SISTEMA		APLICAÇÃO
• SPINIFEX	AB	• Para a culpa relativa à sexualidade. • Para a vergonha. • Para a desvalorização.
• STURT DESERT ROSE	AB	• Para a culpa inconsciente, pouco clara. • Para quem estabelece altos padrões para si próprio e se culpa por não cumpri-los.

15 - Essências para Limpar/ Desintoxicar o Corpo

ESSÊNCIA/SISTEMA		APLICAÇÃO
• BILLY GOAT PLUM	AB	• Para a auto-repugnância e o auto-ódio centrados nos órgãos sexuais ou no ato sexual. • Para o autonojo, o auto-ódio.
• CHAPARRAL	C	• Para limpar as toxinas físicas e psíquicas.
• CRAB APPLE	B	• Para limpar e desintoxicar o corpo. • Para o autodesgosto.
• IMPATIENS	B	• Para a irritabilidade emocional e física. • Para as irritações e inflamações no nível físico.
• PAW PAW	AB	• Para a desintoxicação.

ESSÊNCIA/SISTEMA		APLICAÇÃO
• SELF-HEAL	C	• Para estimular a autocura e a ligação mente-corpo-espírito.
• SPINIFEX	AB	• Para as micoses vaginais ou penianas. • Para herpes.
• STURT DESERT ROSE	AB	• Para doenças sexualmente transmissíveis.

16 - Essências para Trabalhar o Desencorajamento que Surge Durante o Processo de Tratamento

ESSÊNCIA/SISTEMA		APLICAÇÃO
• BAUHINIA	AB	• Para a resistência à mudança. • Para vômitos durante o processo de retirada da substância viciante.
• BORAGE	C	• Para limpar o desencorajamento. • Para dar coragem de continuar trabalhando no vício ou na manifestação de sua visão.
• BOTTLEBRUSH	AB	• Para romper com o passado.
• CALIFORNIA WILD ROSE	C	• Para vencer a apatia, a indiferença.
• CAYENNE	C	• Para ajudar a deixar hábitos arraigados como vícios. • Para catalisar mudanças rápidas e crescimento de quem sente-se preso a um certo padrão.

ESSÊNCIA/SISTEMA		APLICAÇÃO
• CHESTNUT BUD	B	• Para o viciado e/ou o codependente aprender com os erros e não repetir indefinidamente os mesmos padrões.
• CRAB APPLE	B	• Para curar o auto-ódio e a culpa do vício; o sentimento de desamparo e o cansaço de estar doente.
• GENTIAN	B	• Para a depressão.
• GOLDEN ROD	C	• Para ajudar com o sentimento de desamparo.
• GORSE	B	• Para problemas crônicos como o vício. • Para os sentimentos de desamparo por ter falhado.
• IMPATIENS	B	• Para impaciência com o processo de cura.
• KAPOK BUSH	AB	• Para quem desanima fácil.
• MOUNTAIN MAHOGANY	DA	• Para ajudar a dar o próximo passo.
• MOUNTAIN PRIDE	C	• Para confrontar e transformar a adversidade.
• MUSTARD	B	• Para a falta de interesse pela vida.
• OAK	B	• Para a exaustão de quem assume mais do que pode administrar.
• PEACH FLOWERED TEA TREE	AB	• Para a falta de compromisso e de persistência em terminar os projetos. • Para o humor variável.

ESSÊNCIA/SISTEMA		APLICAÇÃO
• PENNY ROYAL	C	• Para o viciado e para quem trabalha com eles. • Para agir contra os pensamentos negativos e escudar os bombardeios psíquicos (mais específicos para o álcool e drogas).
• PENSTEMON	C	• Para ajudar a enfrentar os desafios.
• RED GREVILLEA	AB	• Para quem precisa sair de situações que não lhe são favoráveis. • Para quem não dá continuidade aos trabalhos. • Para quem não tem força e coragem para seguir adiante.
• SAGUARO	C	• Para o medo de viver, o medo de arriscar.
• SCOTCH BROOM	C	• Para a tenacidade. • Para seguir, apesar dos obstáculos.
• SOAPTREE YUCCA	DA	• Para manter em mente os objetivos de longo prazo com fé e perseverança.
• SPANISH BAYONET YUCCA	DA	• Para unificar vontade com intenção.
• SWEET CHESTNUT	B	• Para quem está em grande angústia e se sente no limite da resistência (mas não pensa em suicídio).
• TANSY	C	• Para desenvolver a habilidade de terminar o que começou.
• TEDDY BEAR CHOLLA CACTUS	DA	• Para a perseverança e a paciência com o próprio processo de crescimento.

ESSÊNCIA/SISTEMA		APLICAÇÃO
• WARATAH[8]	AB	• Para criar coragem na desesperança. • Para os estados de esgotamento e sensação de não poder ir adiante. • Para desenvolver a tenacidade.
• WILD ROSE	B	• Para remotivar quem se tornou resignado ao vício e aceita a escravidão.
• WEDDING BUSH	AB	• Para quem iniciou atividade que exige disciplina e compromisso.

[8]Esta essência já faz efeito no segundo dia, mas é importante tomá-la por, no mínimo, sete.

17 - Essências Florais para Trabalhar o Ressentimento, a Raiva e o Ódio

ESSÊNCIA/SISTEMA		APLICAÇÃO
• BABY BLUE EYES	C	• Para a raiva mascarada por cinismo e desconfiança.
• BILLY GOAT PLUM	AB	• Para a cólera e ódio reprimidos.
• BEECH	B	• Para a irritação e a intolerância com os defeitos dos outros.
• BORONIA	AB	• Para o ódio reprimido.
• CANNYON DUDLEYA	C	• Para o excesso de suscetibilidade.
• CHERRY PLUM	B	• Para desenvolver o autocontrole em quem tem temperamento violento.

ESSÊNCIA/SISTEMA		APLICAÇÃO
• DAGGER HAKEA	AB	• Para quem guarda ressentimentos antigos e rancores com relação aos mais chegados (amigos, familiares e colegas).
• DANDELION	C	• Para a impaciência, a pressa, a hostilidade, a grosseria.
• DOGWOOD	C	• Para liberar o ressentimento e se abrir à gentileza e à doçura nos relacionamentos.
• HOLLY	B	• Para as emoções mais tóxicas — ressentimento, despeito, ódio, auto-ódio, e desejo de vingança.
• HONEYSUCKLE	B	• Para deixar ir o passado.
• IMPATIENS	B	• Para a instabilidade e a impaciência.
• MIMULUS	B	• Para ajudar a quem tem medo da raiva.
• MOUNTAIN DEVIL	AB	• Para o ódio e a raiva, a rivalidade, a inveja, a desconfiança.
• MUGWORT	C	• Para as raivas. • Para as frustrações por excesso de idealismo. • Para as frustrações por achar que todos estão contra.
• MULLA MULLA	AB	• Para a raiva e o ódio reprimidos.
• OREGON GRAPE	C	• Para os ressentimentos.
• SCARLET MONKEY FLOWER	C	• Para a integração de emoções profundas.

ESSÊNCIA/SISTEMA		APLICAÇÃO
• SLENDER RICE FLOWER	AB	• Para o ódio e desejo de vingança. • Para a malícia. • Para o ódio por carências na primeira infância.
• SNAPDRAGON	C	• Para liberar a raiva contida na garganta e na articulação têmporo-mandibular.
• SOUTHERN CROSS	AB	• Para a amargura, o mau humor. • Para a irritabilidade. • Para o ressentimento. • Para a inveja do êxito alheio.
• SHOOTING STAR	C	• Para limpar o sentimento de alienação que acompanha o ressentimento acumulado.
• TRUMPET VINE	C	• Para desenvolver a auto-assertividade.
• VERVAIN	B	• Para quem se torna raivoso com a injustiça.
• WILLOW	B	• Para a amargura, o ressentimento e o sentimento de que tem o pior da vida. • Para quem culpa os outros pelos seus problemas.

18 - Essências para Trabalhar a Ansiedade e o Medo

ESSÊNCIA/SISTEMA		APLICAÇÃO
• ANGEL'S TRUMPET	C	• Para o medo da morte.
• ASPEN	B	• Para a ansiedade e o estado de pânico sem causa conhecida. • Para o medo da morte. • Para o medo de catástrofe. • Para o medo da noite.
• BASIL	C	• Para o medo do sexo.
• BEAR GRASS	DA	• Para o medo da agressão. • Para o medo de ser dominado pelos outros.
• BIG ROOT JATROPHA	DA	• Para quem resiste à expressão da Criança Interior por se sentir vulnerável/inseguro.
• BLACKBERRY	C	• Para o medo de limitações/falta. • Para o medo de morrer. • Para o medo de que alguém vá morrer.
• BOUVARDIA	DA	• Para o medo de confrontação.
• BORAGE	C	• Para dar coragem e confiança.
• CHAMOMILLE	C	• Para dar calma. • Para a ansiedade e pânico. • Para dar disposição serena.
• CHERRY PLUM	B	• Para o medo de perder o controle e se ferir ou ferir os outros.
• CHRYSANTHEMUM	C	• Para o medo da morte. • Para o medo da dor por perda emocional.

ESSÊNCIA/SISTEMA		APLICAÇÃO
• CROWEA	AB	• Para relaxar e aliviar o medo. • Para a ansiedade com problemas do cotidiano. • Para o equilíbrio emocional na área do estômago.
• DAGGER HAKEA	AB	• Para o medo de baixar a guarda.
• DANDELION	C	• Para liberar a tensão corporal.
• DILL	C	• Para o medo da morte. • Para o medo de envelhecer.
• DOG ROSE	AB	• Para o medo de tomar decisões. • Para o medo do futuro. • Para os medos triviais (medo de nadar, medo do escuro, medo de ser roubado, medo de doenças). • Para a insônia por medo. • Para o medo oriundo de mágoas não resolvidas. • Para o medo por falta de confiança nos outros.
• DOGWOOD	C	• Para quem vive se acidentando por ansiedade.
• FAIRY LANTERN	C	• Para o medo das responsabilidades que leva à busca de refúgio nas drogas.
• FILAREE	C	• Para a preocupação e a ansiedade com trivialidades. • Para a ansiedade com relação a dinheiro.
• FIVE CORNERS	AB	• Para o medo de não ser aceito pelo que é.
• FLANNEL FLOWER	AB	• Para o medo do contato físico.

ESSÊNCIA/SISTEMA		APLICAÇÃO
• FRINGED VIOLET	AB	• Para o medo de contato físico em conseqüência de estupro, abuso ou ataque.
• GARLIC	C	• Para o medo e a ansiedade relativos à performance. • Para o nervosismo.
• GREY SPIDER FLOWER	AB	• Para o terror, o pânico paralisante. • Para o medo do sobrenatural. • Para o medo de ataque psíquico. • Para o medo de asfixia. • Para o medo de morrer.
• HIBISCUS	C	• Para os medos em pessoas que foram sexualmente violentadas.
• ILLAWARA FLAME TREE	AB	• Para o medo de situações novas. • Para o medo de rejeição. • Para o medo que leva a situações de não se ter compromisso como uma defesa para a dor das decepções afetivas.
• KAPOK BUSH	AB	• Para o medo da vida. • Para o medo de tentar, porque acha que vai ser difícil.
• LARCH	B	• Para o medo de falhar.
• LAVENDER	C	• Para o medo por conflitos subconscientes.
• MACROCARPA	AB	• Para o medo de não valer o suficiente.
• MALLOW	C	• Para o medo de envelhecer.
• MEXICAN STAR	DA	• Para o medo a respeito da sobrevivência.

ESSÊNCIA/SISTEMA		APLICAÇÃO
• MIMULUS	B	• Para os medos específicos/conhecidos.
• MOUNTAIN PRIDE	C	• Para o medo das adversidades do mundo.
• MULLA MULLA	AB	• Para o medo do fogo.
• OREGON GRAPE	C	• Para os medos gerados por educação. • Para o medo da hostilidade emocional dos outros.
• PEACHED FLOWERED TEA TREE	AB	• Para o medo da deterioração física. • Para o medo de envelhecer.
• PENSTEMON	C	• Para o medo dos desafios.
• PHILOTHECA	AB	• Para o medo do sucesso. • Para o medo de ter o espaço pessoal invadido.
• PINKMULLA MULLA	AB	• Para o medo de se sentir ferida.
• RED CLOVER	C	• Para o medo de desastres coletivos. • Para se manter calmo e centrado no meio do pânico.
• RED GREVILLEA	AB	• Para o medo das críticas e das pessoas desagradáveis.
• RED ROOT	DA	• Para o medo supersticioso.
• ROCK ROSE	B	• Para ataques de pânico e de terror. • Para as situações de emergência.
• SACRED DATURA	DA	• Para o medo da insanidade.
• SAGEBRUSH	C	• Para o sentimento de vazio e a ansiedade.

ESSÊNCIA/SISTEMA		APLICAÇÃO
• SAINT JOHN'S WORT	C	• Para liberar os medos conscientes e inconscientes, ensinando a confiar no divino.
• SCORPION WEED	DA	• Para o medo de não ser perdoado. • Para o exagero dos próprios medos.
• SCOTCH BROOM	C	• Para o medo de que aconteça alguma catástrofe.
• SPANISH BAYONET YUCCA	DA	• Para o medo de enfrentar decisões.
• STAR OF BETHELEM	B	• Para as ansiedades geradas por traumas passados.
• STAR THISTLE	C	• Para o medo da pobreza.
• STICKY MONKEYFLOWER	C	• Para o medo da intimidade que leva ao comportamento sexual compulsivo. • Para o medo de impotência. • Para o medo de se deixar levar por amor. • Para o medo de ser rejeitado ao expressar o que sente.
• STURT DESERT PEA	AB	• Para a ansiedade gerada por mágoas profundas e guardadas por muito tempo.
• SUNDEW	AB	• Para quem tem medo de responsabilidades e de comprometimento.
• TALL MULLA MULLA	AB	• Para o medo dos afetos. • Para o medo dos vínculos.
• TURKEY BUSH	AB	• Para o medo e a vergonha de expressar suas idéias criativas.

ESSÊNCIA/SISTEMA		APLICAÇÃO
• TRUMPET VINE	C	• Para a ansiedade que bloqueia a cor/calor emocional.
• WARATAH	AB	• Para a "noite escura da alma".
• WEDDING BUSH	AB	• Para o medo de ser amado.
• WISTERIA	AB	• Para o medo do sexo.
• ZINNIA	C	• Para liberar o riso e o prazer. • Para quem está trabalhando para a autocura e a cura alheia. • Para a Criança Interior.

19 - Essências para Apoiar a Psicoterapia Durante o Processo de Tratamento do Vício

ESSÊNCIA/SISTEMA		APLICAÇÃO
• AGRIMONY	B	• Para retirar as máscaras e enfrentar os sentimentos.
• BIG ROOT JATROPHA	DA	• Para quem resiste à expressão da Criança Interior por se sentir vulnerável/inseguro.
• BISBEE BEEHIVE CACTUS	DA	• Para acessar e liberar as memórias reprimidas de abuso sexual.

ESSÊNCIA/SISTEMA		APLICAÇÃO
• BLACK EYED SUSAN	C	• Para quem quer evitar olhar os sentimentos. • Para quem resiste a penetrar nas emoções. • Para quem acha que "o defeito é dos outros".
• BORONIA	AB	• Para se liberar do passado e se centrar no presente.
• BLUEBELL	AB	• Para abrir o coração e deixar que aflorem as emoções.
• CHAMOMILLE	C	• Para acalmar após trabalho psicoterapêutico profundo.
• CHAPARRAL	C	• Para liberar as toxinas emocionais. • Para liberar imagens negativas ou violentas, absorvidas da mídia, pelo uso de drogas ou por experiências psíquicas.
• DILL	C	• Para assimilação das experiências sobretudo quando houve superestimulação dos sentidos. • Para ajudar a "digestão psíquica".
• FLANNEL FLOWER	AB	• Para quem não se deixa conhecer.
• FUCHSIA	C	• Para quem as emoções reprimidas/suprimidas estão se manifestando no corpo como somatização.
• GARLIC	C	• Para o medo e tensão no plexo solar. • Para quem está envolvido com psiquismo de baixo nível.
• GOLDEN EAR DROPS	C	• Para liberar sentimentos e dores emocionais da infância.

ESSÊNCIA/SISTEMA		APLICAÇÃO
• ISOPOGON	AB	• Para se conectar com os sentimentos.
• LAVENDER	C	• Para a depressão e o desânimo. • Para tranqüilizar o sistema nervoso. • Para as experiências muito intensas. • Para quem o sono não descansa.
• PHILOTECA	AB	• Para aprender a falar sobre si e a compartilhar sentimentos.
• ROUGH BLUEBELL	AB	• Para as manipulações psicopáticas.
• SCARLET MONKEYFLOWER	C	• Para quem o sentimento suprimido é a raiva.
• SHASTA DAISY	C	• Para a integração de diversas abordagens terapêuticas ou informações recebidas no processo de cura.
• STURT DESERT PEA	AB	• Para os afetos não elaborados que levam a patologias respiratórias.
• STURT DESERT ROSE	AB	• Para a culpa pouco clara na consciência, produzindo baixa auto-estima.
• TIGER LILY	C	• Para transmutar tendências agressivas ou hostis, sobretudo quando o trabalho psicoterapêutico é feito em grupo.
• TRUMPET VINE	C	• Para ajudar a falar dos sentimentos.

20 - Essências para Trabalhar as Vidas Passadas

ESSÊNCIA/SISTEMA		APLICAÇÃO
• ALOE VERA	C	• Para a liberação e integração de informações sobre problemas de vidas passadas.
• ANGEL'S SWORD[9]	AB	• Para acessar o passado.
• GREEN SPIDER ORCHID[10]	AB	• Para alterar os estados de consciência levando-os aos níveis mais sutis.
• ISOPOGON	AB	• Para recuperar as habilidades. • Para recuperar a memória.
• KUKUI	H	• Para curar relacionamentos carregados de vidas passadas.
• ULEI	H	• Para ajudar a evocar as vidas passadas.
• RAINBOW CACTUS	DA	• Para quem está aprisionado nas próprias emoções profundamente reprimidas.
• RED LILY[11]	AB	• Para a liberação de informações de vidas passadas, inscritas no código genético.

[9]Não usar por períodos longos e nem combinar com outras essências.
[10]Não usar em personalidades instáveis.
[11]Usar apenas em pacientes com mais de trinta anos.

21 - Essências para Ajudar a Meditar

ESSÊNCIA/SISTEMA		APLICAÇÃO
• ANGELICA	C	• Para proteção de quem está em estado alterado de consciência.
• ANGEL'S TRUMPET	C	• Para expandir a capacidade de atingir esferas mais elevadas da consciência.
• ANGELSWORD	AB	• Para proteção e verdade.
• BUSH IRIS	AB	• Para a abertura dos canais de percepção (usar antes de meditar). • Para a visualização criativa.
• CLEMATIS	B	• Para ajudar a focalizar a experiência.
• FRINGED VIOLET	AB	• Para proteção durante a meditação.
• HOUND'S TONGUE	C	• Para ajudar a sintonizar planos superiores de consciência.
• IMPATIENS	B	• Para reservar um tempo para meditar. • Para quem "não tem paciência" para meditar.
• LARCH	B	• Para dissolver a ansiedade quanto aos resultados.
• LOTUS	C	• Para ampliar a consciência.
• MUGWORT	C	• Para controlar conscientemente a experiência.

ESSÊNCIA/SISTEMA		APLICAÇÃO
• RABBIT BRUSH	C	• Para desenvolver a capacidade de prestar atenção aos detalhes.
• RED LILY	AB	• Para ancoragem de quem está em estado alterado de consciência.
• SHASTA DAISY	C	• Para a integração das informações.
• WHITE CHESTNUT	B	• Para aquietar a mente.

22 - Essências para Ajudar a Proteção Psíquica

ESSÊNCIA/SISTEMA		APLICAÇÃO
• ALOE VERA	C	• Para selar as aberturas na aura e curar as obsessões decorrentes.
• ARNICA	C	• Para a proteção durante canalizações.
• FRINGED VIOLET	AB	• Para quem é esponja psíquica. • Para proteção contra os sentimentos/pensamentos alheios. • Para selar a aura.
• GARLIC	C	• Para quem está sendo drenado por entidades. • Para a infestação psíquica.
• GOLDEN YARROW	C	• Para proteção quando a alma necessita de mais contato social. • Para quem é hipersensível.

ESSÊNCIA/SISTEMA		APLICAÇÃO
• GORSE	B	• Para a desesperança.
• MACROCARPA	AB	• Para a vulnerabilidade psíquica. • Para quem tem um baixo nível de proteção.
• MOUNTAIN PRIDE	C	• Para eliminar as formas de pensamento negativas.
• PENSTEMON	C	• Para a vitimização.
• RED CLOVER	C	• Para os primeiros socorros psíquicos. • Para centrar o *chakra* básico.
• PINK YARROW	C	• Para a vulnerabilidade emocional.
• ST. JOHN'S WORT	C	• Para os medos relacionados à vulnerabilidade psíquica.
• WALNUT	C	• Para estabelecer um escudo psíquico.
• YARROW		• Para não conter em sua aura energias externas. • Para reforçar a luz da aura, protegendo-a de desarmonias e influências negativas do ambiente. • Para a proteção contra ataques psíquicos.

23 - Essências para Trabalhar o Perdão

ESSÊNCIA/SISTEMA		APLICAÇÃO
• BEECH	B	• Para perceber os erros em si e se perdoar.
• BLACK EYED SUSAN	C	• Para compreender os porquês. • Para trabalhar as coisas que devem ser liberadas.
• CHERRY PLUM	B	• Para quem tem temperamento violento, porque tem medo.
• GOLDEN EAR DROPS	C	• Para trazer coisas dolorosas do passado e as integrar em si positivamente.
• HOLLY	B	• Para a raiva que se tem dos outros. • Para a raiva dos outros voltada para nós.
• MARIPOSA LILY	C	• Para curar feridas emocionais.
• MOUNTAIN DEVIL	AB	• Para trabalhar o perdão e desenvolver o amor incondicional.
• PINE	B	• Para as culpas.
• PINK MONKEY FLOWER	C	• Para ajudar a curar a vergonha.
• PINK MULLA MULLA	AB	• Para as cicatrizes da alma que nunca se curaram.
• SAGEBRUSH	C	• Para conseguir se desapegar de algo ou alguém.
• SELF HEAL	C	• Para a auto-aceitação, o autoperdão.

ESSÊNCIA/SISTEMA		APLICAÇÃO
• STAR OF BETHELEM	B	• Para dissolver os traumas e perdoar quem os causou.
• VINE	B	• Para aprender a compreender o ponto de vista dos outros.
• WHITE CHESTNUT	B	• Para quem deseja retificar o passado voltando a ele.
• WILLOW	B	• Para quem fez aborto e não se perdoou. • Para liberar o ressentimento. • Para quem tem raiva do sucesso alheio.

24 - Essências para a Auto-Estima

ESSÊNCIA/SISTEMA		APLICAÇÃO
• BUTTERCUP	C	• Para os sentimentos de não ser importante.
• CENTAURY	B	• Para quem não sabe dizer "não".
• CRAB APPLE	B	• Para a vergonha.
• FIVER CORNERS	AB	• Para desenvolver a auto-estima.
• GORSE	B	• Para quem não se gosta e sente-se vítima de um destino fatal.
• PRETTY FACE	C	• Para quem se sente feio e desajeitado.
• VERVAIN	B	• Para o perfeccionismo.
• VINE	B	• Para quem é manipulador.

25 - Essências para Trabalhar o Pessimismo

ESSÊNCIA/SISTEMA		APLICAÇÃO
• CALIFORNIA WILD ROSE	C	• Para a apatia, a indiferença
• GENTIAN	B	• Para assumir a responsabilidade pelo modo como vive a vida.
• GORSE	B	• Para depressão crônica.
• MOUNTAIN PENNYROYAL	C	• Para quem tem pensamentos caóticos. • Para o negativismo.
• PENSTEMON	C	• Para coragem na adversidade.
• SCOTCH BROOM	C	• Para o pessimismo. • Para a desesperança.
• WILD ROSE	B	• Para quem adota atitudes fatalistas.

26 - Essências para Ajudar a Ganhar Independência

ESSÊNCIA/SISTEMA		APLICAÇÃO
• BABY BLUE EYES	C	• Para a defensividade, a insegurança.
• BLEEDING HEART	C	• Para curar a dependência gerada por dores emocionais.
• CENTAURY	B	• Para aprender a assumir o comando de sua própria vida.

ESSÊNCIA/SISTEMA		APLICAÇÃO
• CERATO	B	• Para ter auto-suficiência para tomar as próprias decisões.
• CHICORY	B	• Para quem é incapaz de dizer "não".
• FAIRY LANTERN	C	• Para a dependência, o desamparo.
• MILKWEED	C	• Para a extrema dependência e a repressão emocional. • Para perda/amortecimento da consciência com drogas/álcool.
• SAGEBRUSH	C	• Para se libertar de auto-imagem falsa.
• STAR THISTLE	C	• Para aprender a compartilhar e a ser generoso.
• TRILLIUM	C	• Para quem está escravizado ao poder, ao cargo, aos bens.
• VINE	B	• Para ajudar a atingir metas.

27 - Essências para Trabalhar a Possessividade

ESSÊNCIA/SISTEMA		APLICAÇÃO
• BLEEDING HEART	C	• Para a dependência nos relacionamentos.
• BLUEBELL	C	• Para quem tem medo de se desligar das posses.
• CENTAURY	B	• Para os submissos.

ESSÊNCIA/SISTEMA		APLICAÇÃO
• CERATO	B	• Para confiar mais em si.
• CHICORY	B	• Para os controladores.
• SAGEBRUSH	C	• Para desprender-se do que não é essencial.
• STAR THISTLE	C	• Para a avareza, o egoísmo.
• TRILLIUM	C	• Para a ambição, a ganância, o egoísmo.
• VINE	B	• Para a possessividade, a ganância.

28 - Essências para Trabalhar os Problemas com o Sono

ESSÊNCIA/SISTEMA		APLICAÇÃO
• ASPEN	B	• Para a insônia por medos inconscientes. • Para os problemas com o sono gerados por substâncias viciantes.
• CHAMOMILLE	C	• Para estimular a pineal a criar harmonia.
• CHAPARRAL	C	• Para a insônia, o desassossego.
• DANDELION	C	• Para a tensão muscular excessiva que impede o sono.
• IMPATIENS	B	• Para quando a tensão física e emocional impedem o sono.

ESSÊNCIA/SISTEMA		APLICAÇÃO
• LAVENDER	C	• Para relaxar, acalmar, induzir ao sono.
• RED CHESTNUT	B	• Para a insônia por expectativas negativas.
• SAINT JOHN'S WORT	B	• Para o medo do escuro, o medo de dormir.
• WHITE CHESTNUT	B	• Para a insônia por ruminações.

29 - Essências Florais para Reparar os *Chakras*

CHAKRA	VÍCIOS	ESSÊNCIAS QUE PODEM AJUDAR A REPARAR OS *CHAKRAS*
• BÁSICO	• CAFÉ • MACONHA • HEROÍNA	• CORN • CLEMATIS • STAR OF BETHELEM • BUSH IRIS • TRILLIUM • ELM • LARCH • PINE • CRAB APPLE • SWEET CHESTNUT
• SEXUAL	• AÇÚCAR • ÁLCOOL • ANFETAMINA • COCAÍNA	• POMEGRANATE • BASIL • CHICORY • BEECH • ROCK WATER • VINE • VERVAIN

CHAKRA	**VÍCIOS**	**ESSÊNCIAS QUE PODEM AJUDAR A REPARAR OS *CHAKRAS***
• GARGANTA	• CIGARRO • MACONHA	• CALIFORNIA POPPY • CHERRY PLUM • GORSE • LARCH • HORNBEAM • CERATO • ROCK ROSE • WILD OAT • SCLERANTHUS • GENTIAN • BLACKBERRY • CALENDULA
• TESTA (3ª VISÃO)	• CAFÉ • CIGARRO • MACONHA	• CHAMOMILLE • NASTURTIUM • DILL • ELM • STAR TULIP • BLACKBERRY
• COROA	• DROGAS SINTÉTICAS • COCAÍNA • MACONHA	• LOTUS • LAVANDER • DILL • BUSH FUCHSIA • IMPATIENS • VERVAIN • WATER VIOLET • SWEET CHESTNUT
• TODOS	• USO MACIÇO PROLONGADO DE DROGAS SINTÉTICAS	• CHAPARRAL • LOTUS • SHOOTING STAR
• TIMO	• MACONHA • DROGAS SINTÉTICAS	• BLEEDING HEART • SCLERANTHUS

CHAKRA	VÍCIOS	ESSÊNCIAS QUE PODEM AJUDAR A REPARAR OS *CHAKRAS*
• CARDÍACO	• ÁLCOOL	• AGRIMONY • DAGGER HAKEA • ALOE VERA • HOLLY • MUSTARD • WILD ROSE • WILLOW • WALNUT • ZINNIA • BLEEDING HEART • BORAGE
• PLEXO SOLAR	• CAFÉ • CIGARRO	• BUTTERCUP • GENTIAN • SUNFLOWER • PENNYROYAL • ASPEN • HEATHER • MIMULUS • CENTAURY • RED CHESTNUT • ROCK ROSE • CALIFORNIA POPPY • CORN • DILL

30 - Essências para Trabalhar os Corpos Sutis

ESSÊNCIA/SISTEMA		APLICAÇÃO
• ALOE VERA	C	• Para restaurar o corpo etérico.
• ARNICA	C	• Para restaurar o corpo etérico após trauma ou choque.
• CHAPARRAL	C	• Para limpar os corpos astral e mental.
• CORN	C	• Para fortalecer o etérico.
• DEERBRUSH	C	• Para limpar o corpo emocional.
• DOGWOOD	C	• Para limpar os corpos etérico e emocional.
• FUCHSIA	C	• Para trabalhar o corpo emocional.
• GARLIC	C	• Para limpar parasitos dos corpos sutis.
• LAVENDER	C	• Para limpar, desinfetar, acalmar os corpos sutis.
• YERBA SANTA	C	• Para limpar o corpo mental.
• CROWEA	AB	• Para alinhar corpos etérico e astral com o físico.
• HORNBEAM	B	• Para fortalecer o corpo etérico.

SECÇÃO II
ELIXIRES DE CRISTAIS E GEMAS

1 - Elixires de Cristais e Gemas de Uso Geral

ELIXIR	APLICAÇÃO
• ABALONE[1]	• Para os alinhamentos dos *chakras* cardíaco e timo. • Para alinhamento do corpo etérico.
• ÁGATA	• Para melhoria do sistema respiratório. • Para abertura do *chakra* cardíaco. • Para alinhamento dos corpos etérico e físico.
• ÁGUA-MARINHA	• Para acalmar. • Para melhoria da clareza mental. • Para o fortalecimento do fígado, baço, rins e tireóide, que têm função de limpeza no corpo. • Para o medo. • Para aumentar o senso de orientação. • Para gerar o aumento/desenvolvimento das qualidades do feminino.

[1]O abalone não é propriamente uma gema. É a concha de um molusco usada na antigüidade em ritos de passagem femininos de puberdade como símbolo de maternidade e de mudança.

ELIXIR	APLICAÇÃO
• AMAZONITA	• Para alinhar o *chakra* cardíaco com o plexo solar (conciliação poder e amor). • Para alinhar corpos etérico e mental.
• ÂMBAR[2]	• Para a perda de memória. • Para a inabilidade de tomar decisões. • Para a ansiedade. • Para o comportamento excêntrico.
• AMETISTA	• Para o alcoolismo. • Para a dissolução de tecido gorduroso. • Para a baixa auto-estima. • Para a hiperatividade.
• AVENTURINA	• Para a limpeza dos corpos sutis. • Para a ansiedade. • Para os medos originados na infância. • Para o desenvolvimento de atitude mais positiva.
• AZURITA-MALAQUITA	• Para a cirrose hepática. • Para a ansiedade que leva a hábitos destrutivos. • Para quem tem comportamento hiperativo. • Para a estabilização emocional (alinhamento dos corpos etérico/emocional).
• BERILO	• Para a ansiedade e superestimulação mental. • Para quem é crítico e analítico. • Para limpar e estimular o *chakra* básico.
• CITRINO	• Para retirar as toxinas do corpo. • Para os casos de tendências suicidas.

[2]O âmbar também não é uma gema. É uma resina fóssil, originária dos pinheiros do período terciário.

ELIXIR	APLICAÇÃO
• CORAL	• Para a obesidade. • Para o fortalecimento do coração. • Para a melhoria da concentração.
• CRISOCOLA	• Para aliviar o medo e a culpa. • Para a tensão nervosa. • Para a hipertensão.
• DIAMANTE	• Para os problemas do cérebro esquerdo — autismo, dislexia, epilepsia — e de coordenação motora. • Para o alinhamento dos corpos etérico e físico. • Para a retirada de toxinas do corpo. • Para a remoção de bloqueios do *chakra* da coroa. • Para a ansiedade. • Para a insegurança. • Para a baixa auto-estima. • Para a remoção de bloqueios sexuais de caráter psicológico.
• ESMERALDA	• Para fortalecer o coração, o fígado, o pâncreas e o rins durante o processo de limpeza de toxinas. • Para alinhar os corpos etérico e emocional.
• FLUORITA	• Para a ansiedade. • Para a frustração sexual. • Para a hiperatividade.
• JASPE MARROM	• Para os medos ocultos. • Para as alucinações. • Para o equilíbrio dos corpos etérico e emocional.

ELIXIR	APLICAÇÃO
• MALAQUITA	• Para ativar a clareza mental. • Para a liberação da ansiedade. • Para a energização dos *chakras* da garganta e da testa.
• LÁPIS-LAZÚLI	• Para a melhoria do sono. • Para ajudar nas mudanças. • Para a desintoxicação (inclusive de materiais nucleares, radiações). • Para a regeneração de tecidos. • Para estimular a cura. • Para alinhar os corpos etérico e emocional. • Para a melhoria da auto-expressão.
• ÔNIX	• Para a manifestação objetiva do pensamento. • Para a apatia. • Para o estresse. • Para a abertura dos *chakras* básico, plexo solar e garganta. • Para o equilíbrio *Yang-Yin.*
• PERIDOTO (OLIVINA)	• Para livrar a mente de pensamentos negativos. • Para retirar as toxinas do corpo. • Para aumentar a clareza e a paciência.
• QUARTZO BRANCO	• Para trabalhar a pituitária. • Para a histeria e extremos emocionais. • Para a remoção de formas-pensamento negativas.
• RODOCROSITA	• Para fortalecer rins, baço e pâncreas. • Para alívio das alucinações e pesadelos. • Para o medo de dormir por causa de pesadelos. • Para condições emocionais extremas. • Para evitar o colapso mental.

ELIXIR	APLICAÇÃO
• RUBI	• Para melhorar a saúde mental pela limpeza dos pensamentos negativos. • Para estabilizar.
• TURMALINA NEGRA	• Para equilibrar o *chakra* básico. • Para proteção contra a negatividade.
• TURMALINA ROSA	• Para ativar as qualidades do *chakra* sacral.
• TURMALINA VERDE	• Para trabalhar os problemas com a figura paterna. • Para abrir o *chakra* cardíaco e o timo.
• TURQUESA	• Para melhorar a comunicação. • Para regenerar os tecidos. • Para alinhar os *chakras* e corpos sutis.

2 - Elixires de Cristais e Gemas para Uso nos *Chakras*

CHAKRA	SUBSTÂNCIA VICIANTE QUE O DANIFICA	ELIXIR APLICÁVEL
• BÁSICO	• Maconha • Heroína • Cafeína	• Quartzo fumê • Berilo • Ônix • Coral • Turmalina • Granada

CHAKRA	**SUBSTÂNCIA VICIANTE QUE O DANIFICA**	**ELIXIR APLICÁVEL**
• SEXUAL/ SACRAL	• Açúcar • Álcool • Anfetaminas • Cocaína	• Rubi • Citrino • Âmbar
• PLEXO SOLAR	• Cafeína • Nicotina • Heroína	• Turmalina verde • Malaquita • Peridoto
• CARDÍACO	• Álcool • Açúcar	• Quartzo rosa • Turmalina rosa • Abalone • Rodocrosita • Amazonita • Esmeralda
• TIMO	• Maconha • Drogas Sintéticas	• Esmeralda • Malaquita • Rodocrosita
• GARGANTA	• Nicotina (Tabaco) • Maconha	• Turquesa • Água-marinha • Crisocola
• TESTA	• Cafeína • Cocaína • Nicotina • Maconha	• Ametista • Lápis-lazúli • Fluorita • Jaspe marrom
• COROA	• Cocaína • Drogas Sintéticas • Maconha	• Diamante • Quartzo branco

3 - Elixires de Cristais e Gemas para Trabalhar o Vício da Cocaína e da Heroína

CRISTAL/GEMA	APLICAÇÃO
• JASPE MARROM	• Para encontrar estabilidade. • Para ajudar a extrair toxinas do corpo.
• QUARTZO ROSA	• Para autodestrutividade. • Para aumentar a confiança. • Para a auto-expressão e a criatividade.

4 - Elixires de Cristais e Gemas para Trabalhar o Vício do Álcool

CRISTAIS	APLICAÇÃO
• ÁGUA-MARINHA[3]	• Para hábitos autodestrutivos. • Para a limpeza e o fortalecimento do fígado, baço, tireóide, rins. • Para ajudar a reduzir a retenção de fluidos. • Para reduzir o medo. • Para melhorar a irritação dos olhos. • Para a falta de habilidade de expressar o que sente. • Para trabalhar os *chakras* da garganta e do baço. • Para melhorar a auto-expressão. • Para o alinhamento dos corpos etérico e mental.

[3]Usar o elixir externamente, em massagens ou banhos adicionando sete gotas de elixir de turquesa.

CRISTAIS	APLICAÇÃO
• AMETISTA	• Para ajudar a equilibrar o metabolismo. • Para facilitar processo de cura incrementando a clareza mental e fortificando a vontade para liberar os padrões negativos de hábitos. • Para estimular a regeneração dos tecidos. • Para dissolver tecidos gordurosos. • Para a baixa auto-estima e falta de centro. • Para fortalecer a vontade. • Para ajudar a quebra de hábitos. • Para acalmar e induzir o sono. • Para melhorar os níveis de açúcar no sangue.
• AZURITA	• Para o desapontamento, o ressentimento e o ódio. • Para estimular as articulações (artrite/artrose). • Para incrementar a absorção de cobre, magnésio, fósforo e zinco. • Para estimular as habilidades psíquicas. • Para melhorar a meditação. • Para melhorar o controle mental e facilitar o processo de decisões. • Para revitalizar o cérebro. • Para libertar o passado.
• CALCITA VERDE	• Para estimular os rins a eliminar toxinas. • Para os medos. • Para melhorar a capacidade de reter informações recebidas durante viagens astrais.

CRISTAIS	APLICAÇÃO
• CITRINO	• Para estimular a cura no corpo físico. • Para alinhar os corpos sutis. • Para ajudar a eliminar as toxinas. • Para regenerar os tecidos dos rins e fígado. • Para eliminar tendências autodestrutivas.
• ESMERALDA	• Para as alucinações. • Para ajudar os rins a limparem a toxidez e os medos ocultos. • Para alinhar corpos etérico e emocional. • Para trabalhar os problemas da relação com o pai. • Para fortificar os meridianos do coração e dos rins.
• GRANADA	• Para aliviar as náuseas da desintoxicação.
• JASPE MARROM	• Para os medos ocultos. • Para hiperatividade no estado de sono, visões desorientadas e alucinações. • Para estimular o sistema imunológico e o timo. • Para a recuperação de memórias de vidas passadas (eventos traumáticos que estão influenciando a vida presente). • Para a ativação da pituitária para melhorar o processo meditativo. • Para equilibrar os corpos etérico e astral.

[4]Recomenda-se o uso consistente por um longo período (cerca de três anos) para se obter uma limpeza comple dos corpos físico e sutis

CRISTAIS	APLICAÇÃO
• LÁPIS-LAZÚLI	• Para atrair o fluido elétrico para as células do corpo físico de modo a ajudar a remover a toxidez. • Para abrir a mente para o divino. • Para melhorar a habilidade psíquica. • Para desenvolver a disciplina interior. • Para melhorar a ansiedade e a tensão. • Para equilibrar o *chakra* da garganta devolvendo a integridade ao discurso. • Para melhorar o sistema linfático.
• MALAQUITA	• Para a cirrose hepática. • Para a ansiedade que leva a hábitos compulsivos. • Para gerar alívio nas "crises de cura" (o azul cura e o verde desencadeia a força curativa).
• ÔNIX	• Para melhorar a capacidade de pensar objetivamente. • Para equilibrar os *chakras* de base, do plexo solar e da garganta. • Para melhorar o controle das emoções.
• PERIDOTO (Olivina)[5]	• Para o completo alinhamento dos corpos sutis. • Para retirar toda a toxidez do corpo e estimular a regeneração. • Para aumentar a clareza e a paciência e ter um enfoque mais positivo da vida. • Para a depressão. • Para o recebimento de informações do Eu Superior. • Para tornar os remédios vibracionais mais efetivos. • Para ativar o *chakra* cardíaco, trazendo a sensação de equilíbrio.

[5]Recomenda-se o uso consistente por um longo período (cerca de três anos) para se obter uma limpeza completa dos corpos físico e sutis.

CRISTAIS	APLICAÇÃO
• QUARTZO HIALINO	• Para aliviar a intensidade das emoções. • Para alinhar os corpos etérico e emocional. • Para ajudar a dar expressão aos sentimentos. • Para equilibrar os *chakras* da coroa, da testa e do plexo solar.
• SODALITA	• Para os medos e culpas inconscientes. • Para equilibrar a tireóide.

5 - Elixires de Cristais e Gemas para Trabalhar os Vícios Relativos à Comida

ELIXIRES	APLICAÇÃO
• ÂMBAR	• Para fortalecimento da tireóide. • Para a inabilidade de tomar decisões. • Para a ansiedade.
• AMETISTA	• Para trazer calma e equilíbrio. • Para dissolver tecidos gordurosos. • Para equilibrar os níveis de açúcar no corpo.
• AVENTURINA	• Para a limpeza dos corpos etérico, emocional e mental. • Para o alívio de ansiedades e medos e doenças psicossomáticas, especialmente as começadas nos primeiros sete anos. • Para abrir o *chakra* cardíaco e desenvolver atitudes positivas.

ELIXIRES	APLICAÇÃO
• AZURITA/ MALAQUITA	• Para a cirrose hepática. • Para a ansiedade. • Para os hábitos compulsivos de alimentação. • Para a falta de disciplina. • Para o comportamento hipercinético. • Para equilibrar o *Yang-Yin* no corpo.
• CITRINO	• Para a regeneração dos tecidos. • Para a regeneração do sistema circulatório. • Para liberar toxinas do intestino. • Para as tendências suicidas e autodestrutivas.
• JASPE MARROM	• Para o envelhecimento precoce. • Para fortalecer o sistema imunológico. • Para os medos ocultos.
• KUNZITA	• Para os problemas relativos à alimentação. • Para a abertura do *chakra* cardíaco.
• MALAQUITA	• Para remover toxidez do tecido gorduroso e regenerar os tecidos. • Para estimular a capacidade de autocura. • Para proteger e fortalecer o *chakra* cardíaco. • Para melhorar o sono.
• OBSIDIANA	• Para alinhar os corpos emocional e mental. • Para aliviar a tensão nos intestinos.

ELIXIRES	APLICAÇÃO
• PERIDOTO	• Para remover toxinas do corpo físico. • Para melhorar a capacidade de fazer meditações de cura.
• QUARTZO BRANCO	• Para catalisar os medos, as inseguranças e as debilidades. • Para as úlceras abdominais. • Para aliviar extremos emocionais.

6 - Elixires para Trabalhar o Vício da Maconha

ELIXIRES	APLICAÇÃO
• ÁGUA-MARINHA	• Para reduzir a desorientação.
• AZURITA	• Para revitalizar o cérebro. • Para encontrar a Sabedoria Interior. • Para libertar-se do passado e aceitar o futuro. • Para ajudar a reconhecer os recursos internos.
• CORNALINA	• Para aumentar a motivação. • Para ajudar a trilhar novos rumos. • Para se sentir seguro e confiante com os desafios. • Para obter o controle sobre a vida, se permitindo escolher a direção.

ELIXIRES	APLICAÇÃO
• PIRITA	• Para diminuir a irritação causada pela ingestão de toxinas. • Para melhorar a capacidade mental. • Para enfrentar situações novas e desafiadoras.
• QUARTZO FUMÊ	• Para a ancoragem (*grounding*). • Para equilibrar o *chakra* básico.
• TURMALINA VERDE	• Para aumentar os *insights* e a percepção.

7 - Elixires para Trabalhar o Vício do Fumo

ELIXIR	APLICAÇÃO
• FLUORITA AZUL[6]	• Para aumentar a assimilação da força vital. • Para reduzir a ansiedade.
• MÁRMORE	• Para trabalhar o plexo solar (auto-estima). • Para quem é fisicamente passivo e mentalmente agressivo.
• QUARTZO FUMÊ	• Para trabalhar a depressão e ajudar a liberar a criatividade.

[6]De acordo com a tradição, a fluorita azul é usada para a cura de câncer de pulmão.

8 - Elixires para Trabalhar o Vício da Cafeína

ELIXIR	APLICAÇÃO
• MALAQUITA	• Para restaurar a exaustão.
• PERIDOTO (OLIVINA)	• Para ajudar a consciência a liberar a tensão e restabelecer a tranqüilidade emocional. • Para renovar a criatividade. • Para a clareza mental.
• TURMALINA VERDE	• Para ajudar a consciência a liberar a tensão e restabelecer a tranqüilidade emocional. • Para renovar a criatividade. • Para a clareza mental.
• QUARTZO BRANCO	• Para ajudar a consciência a liberar a tensão e restabelecer a tranqüilidade emocional. • Para renovar a criatividade. • Para a clareza mental.

Leitura Recomendada

60 segundos para a Expansão da Mente — Joel Davitz e Harold Cook — Ed. Nova Fronteira.

Alowa Flower Essence — Catálogo do Fabricante (Essências Florais do Havaí).

A Antiga Arte de Cura Espiritual — Eric Maple — Ed. Hemus.

A Cura pelos Cristais — Katrina Raphaell — Ed. Pensamento.

A Expansão da Mente — Tarthang Tulku — Ed. Cultrix.

A Luz Cristalina dos Chakras — Barbara Hand Clow — Ed. Siciliano.

A Magia dos Cristais — Kevin Sullivan — Ed. Objetiva.

A Magia das Plantas — Mellie Uyldert — Ed. Pensamento.

A Última Fronteira — Ken O'Donnell — Ed. Gente.

Alquimia do Deserto — Cynthia Athina Kemp — Ed. Gente.

Alquimia Interior — Zulma Reyo — Ed. Ground.

As Propriedades Curativas dos Cristais e das Pedras Preciosas — Katrina Raphaell — Ed. Pensamento.

Astrology and Alcoholism — Ann E. Parker — Ed. Samuel Wiser Inc.

Cabala — O Caminho da Liberdade Interior — Ann Williams-Heller — Ed. Pensamento.

Codependência Nunca Mais — Melody Beattie — Ed. Record.

Cristais e Minerais — Isabel Seidl e Y. Bevilaquia — Ed. Novo Milênio.

Elixires de Cristais e Essências Florais nas Curas Vibracionais — Robertinho Comenale — Ed. Roca.

Energética da Essência — John Pierrakos — Ed. Pensamento.

Essências Florais Australianas — Ian White — Ed. Triom.

Flores da Terra — Gelse Mazzoni Campos e Arlete Faria de Freitas — Ed. Roca.

Games Alcoholics Play — Claud M. Steiner — Ed. Ballantine, New York.

Gem Elixirs and Vibrational Healing, vol. I — Gurudas — Ed. Cassandra Press.
Gem Elixirs and Vibrational Healing, vol. II — Gurudas — Ed. Cassandra Press.
Guia para uma Consciência Superior — Ken Keys, Jr. — Ed. Pensamento.
Guia Prático da Projeção Astral — Melita Denning e Osborn Phillips — Ed. Siciliano.
Healing Alcoholism — Claude Steiner — Ed. Grove Press.
Healing the Child Within — Charles L. Whitfield, M.D. — Ed. Health Communications, Inc. — Florida.
Healing the Shame — John Bradshaw — Ed. Health Communications, Inc., Florida.
How to Meditate — Lawrence Le Shan — Ed. Turnstone Press Limited.
Imagens que Curam — Geralda Epstein, M.D. — Ed. Xenon.
Imaginação Ativa — Serge King — Ed. Pensamento.
Jung y Flores de Bach — Barbara Espeche e Eduardo Grecco — Ed. Ediciones Continente — Argentina.
Meditação — O Caminho Interior — Naomi Humphrey — Ed. Ground.
Meditação Andando — Tich Nhat Hanh — Ed. Vozes.
Meditação em Três Minutos — David Harp e Nina Feldman — Ed. Record.
Meditações — Shakti Gawain — Ed. Pensamento.
Mitologia Pessoal — David Feinstein e Stanley Krippner — Ed. Cultrix.
O Guia Completo do Cristal — Uma Silbey — Ed. Record/Nova Era.
O Poder Curativo dos Cristais — Magda Palmer — Edições 70.
O Poder de Cura das Pedras Preciosas — Harish Johari — Ed. Pensamento.
O Poder Infinito dos Cristais — Catherine Bowman — Ed. Siciliano.
O Poder Mágico dos Cristais — A. Gallotti — Ed. Roca.
O Princípio da Totalidade — Stephano Sabetti — Ed. Summus Editorial.
O Segredo dos Cristais — Brett Bravo — Ed. Pensamento.
O Ser Quântico — Danah Zohar — Ed. Best Seller.
Os Chakras e os Campos de Energia Humana — Shafica Karagulla e Dora van Gelder Kunz — Ed. Pensamento.
Os Florais de Bach e as Síndromes do Feminino — Maria Duques — Ed. Rosa dos Tempos.
Repertório das Essências Florais da Califórnia — Patricia Kaminski e Richard Katz — Ed. Aquariana.
The Power of Gems and Crystals — Soozi Holbeche — Ed. Piatkus.
Tornar-se Presente — John O. Stevens — Ed. Summus Editoral.
Transmissões Cristalinas — Katrina Raphaell — Ed. Pensamento.
Trilhando seu Próprio Caminho — Isabelle Filliozart — Ed. Siciliano.
Visualização Criativa — Shakti Gawain — Ed. Pensamento.
Vivendo na Luz — Shakti Gawain — Ed. Pensamento.

Sobre a Autora

Maria Duques tem formação acadêmica em engenharia e exerceu a profissão por 24 anos. A partir de 1993 vem se dedicando com exclusividade ao trabalho de aconselhamento e cura energética.

Seu trabalho flui em duas vertentes principais de aconselhamento, cura e ensino.

É Mestre-Professor de REIKI — Sistema Usui de Cura Natural, tendo sido sagrada pela mestre Claudete França e integra a primeira turma de mestres sagrados no Brasil. É membro da Associação Brasileira de REIKI, a entidade que, no Brasil, regulamenta os cursos do Sistema Usui.

É terapeuta floral autodidata, sendo autora de *Os Florais de Bach e as Síndromes do Feminino,* também publicado pela Editora Rosa dos Tempos.

Ministra cursos de REIKI em todo o País e, de modo especial, no Nordeste.

Vem desenvolvendo um trabalho de divulgação da terapia floral em todo o Nordeste, ministrando cursos e fazendo atendimentos.

Desenvolveu o trabalho Jornada Anterior, usando a Astrologia, o Tarot e a Terapia Floral e o seminário Prosperando na Crise com vistas a expandir a consciência das pessoas com relação à prosperidade.

O trabalho RE-ABRIR O CORAÇÃO foi desenvolvido a partir de sua prática terapêutica e é aplicado em viciados. Porém, suas técnicas podem ser usadas por qualquer pessoa que queira fazer um trabalho de expansão da consciência.

Fez estudos de *Feng Shui* — a arquitetura sagrada oriental — com a dra. Liliana Passera, de São Paulo, e faz trabalhos de harmonização em escritórios, residências, lojas, clínicas etc.

Contatos para cursos e consultas podem ser feitos:

• por correspondência:
Rua Maria Judith Lins, 804 — Casa Caiada, Olinda, PE
53-130-080
• por telefone:
081-963-9262
083-221-1577
085-251-1526
• via Internet:
Maduques@fortalnet.com.br

Impresso no Brasil pelo
Sistema Cameron da Divisão Gráfica da
DISTRIBUIDORA RECORD DE SERVIÇOS DE IMPRENSA S.A.
Rua Argentina 171 – Rio de Janeiro, RJ – 20921-380 – Tel.: 585-2000